Name

S s

1 *Susi* lesen.
2 *Susi* nachspuren.
3 *Susi* in Buchstaben zerschneiden.

1

Susi

2

Susi

Susi

3

S	u	s	i

S s

1 Bilder deutlich benennen.
Wenn ein *S* zu hören ist, ankreuzen.
2 *S* bzw. *s* einkreisen.

1

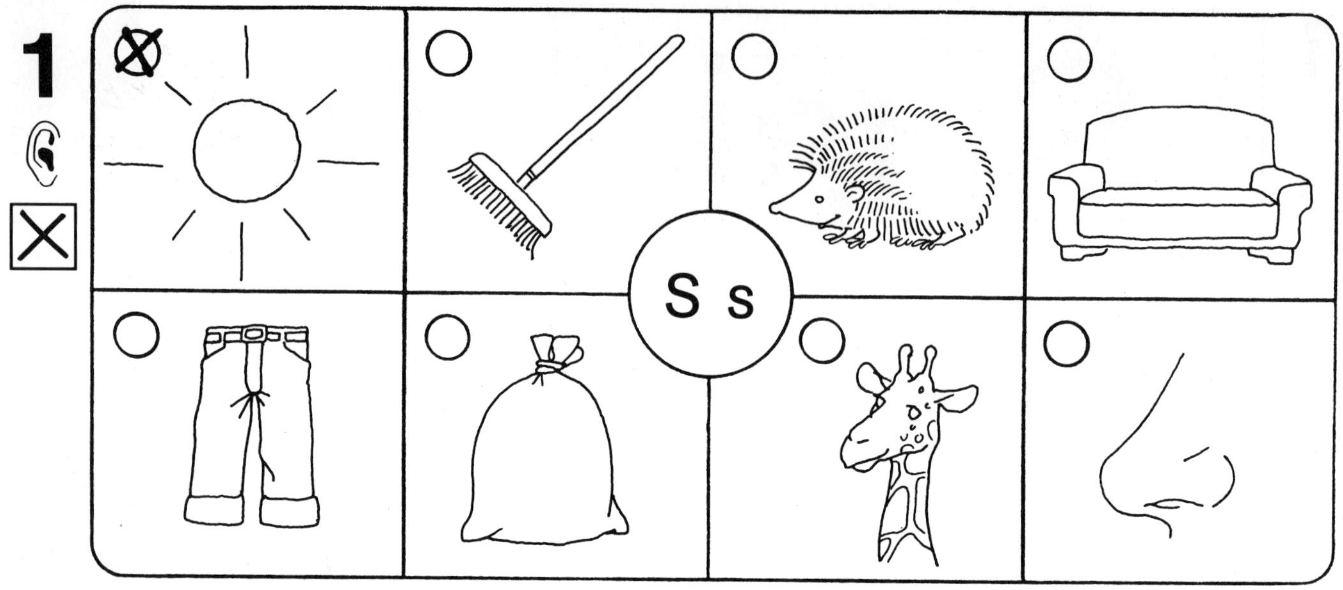

2

Name

1 Bilder deutlich benennen.
Wenn ein *I* zu hören ist, ankreuzen.
2 *i* einkreisen.

1

2

i

U u

1 *Uli* lesen.
2 *Uli* nachspuren.
3 *Uli* in Buchstaben zerschneiden.

1

Uli

2

Uli

2 1

Uli

3

U | l | i

Name

1 Bilder deutlich benennen.
Wenn ein *U* zu hören ist, ankreuzen.
2 *U* bzw. *u* einkreisen.
3 Wörter mit Strichen abgrenzen, evtl. verschiedenfarbig anmalen.

U u

1

2

3

l

1 Bilder deutlich benennen.
Wenn ein *L* zu hören ist, ankreuzen.
2 *l* einkreisen.
3 *Susi* bzw. *Uli* einkreisen.

1

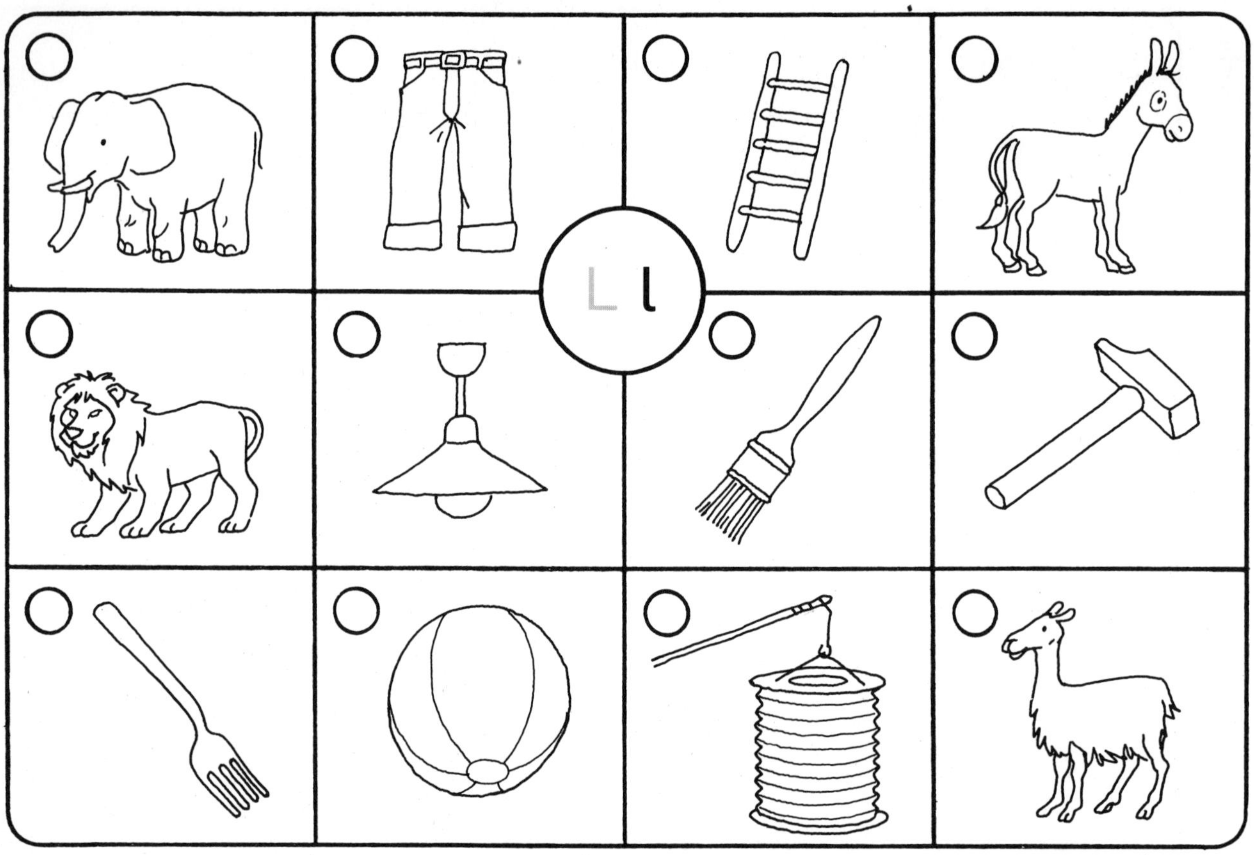

2

3

Susi	Suli Susi Sisu Sisi Susi Susu Susi
Uli	Usi Uli Ulu Uli Usi Usu Uli Ulu Usi

Name

F

1 *Fimu* lesen.
2 *Fimu* nachspuren.
3 *Fimu* in Buchstaben zerschneiden.

1

Fimu

2

Fimu

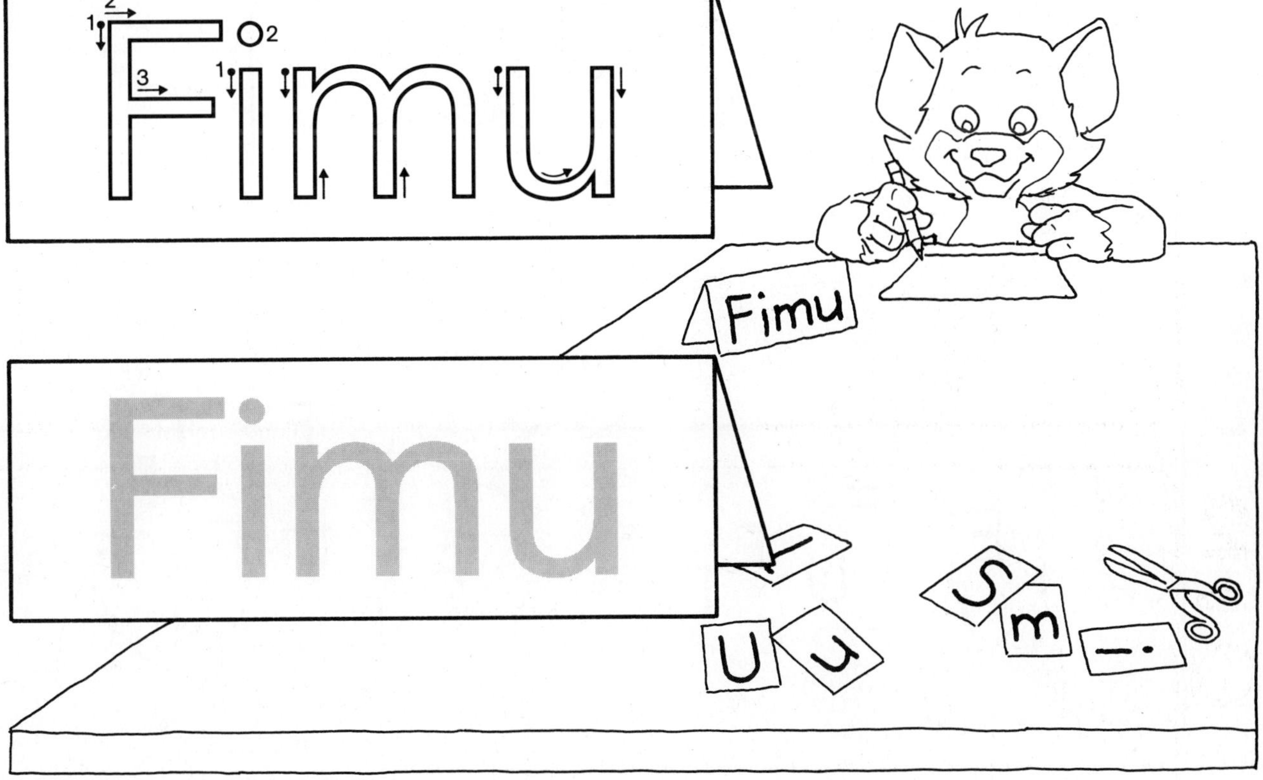

3

F	i	m	u
⇨	⇨	⇨	⇨

F

1 Bilder deutlich benennen.
Wenn ein *F* zu hören ist, ankreuzen.
2 *F* einkreisen.

1

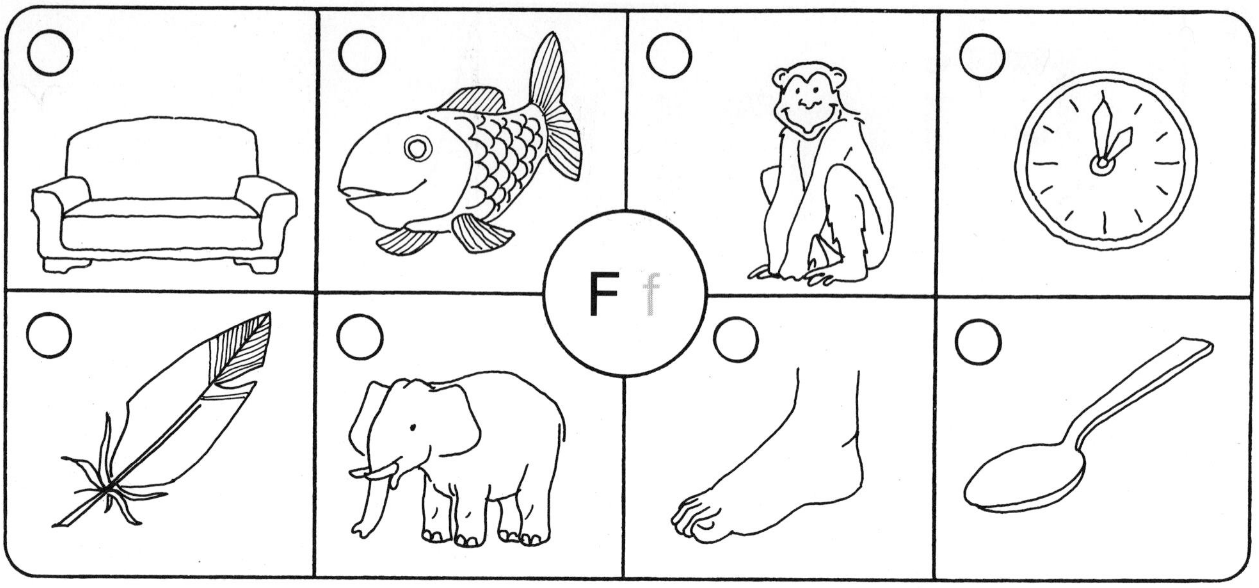

2

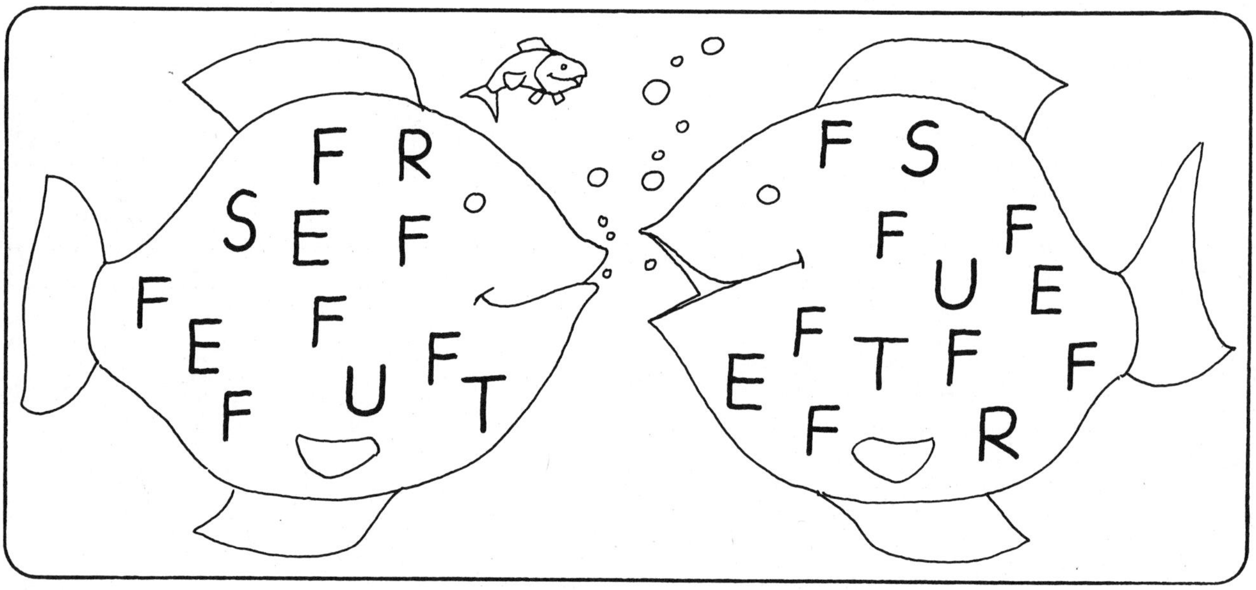

Name

1 Bilder deutlich benennen.
Wenn ein *M* zu hören ist, ankreuzen.
2 *m* einkreisen.
3 Wörter mit Strichen abgrenzen, evtl. verschiedenfarbig anmalen.

m

1

2

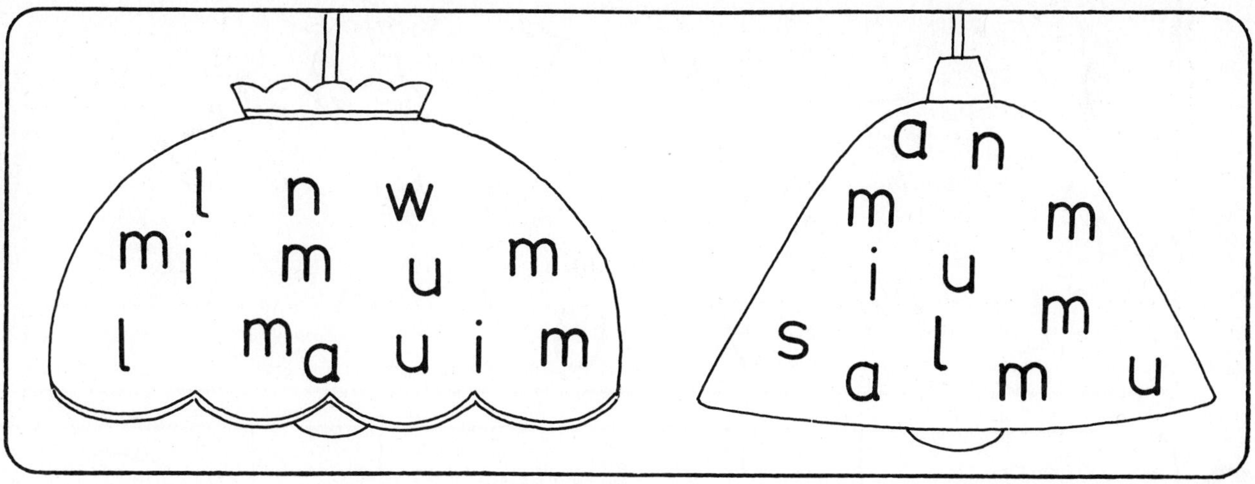

3

A

1 Bilder deutlich benennen.
Wenn ein *A* zu hören ist, ankreuzen.
2 *A* einkreisen.
3 Namen lesen, passende Bilder zuordnen.

1

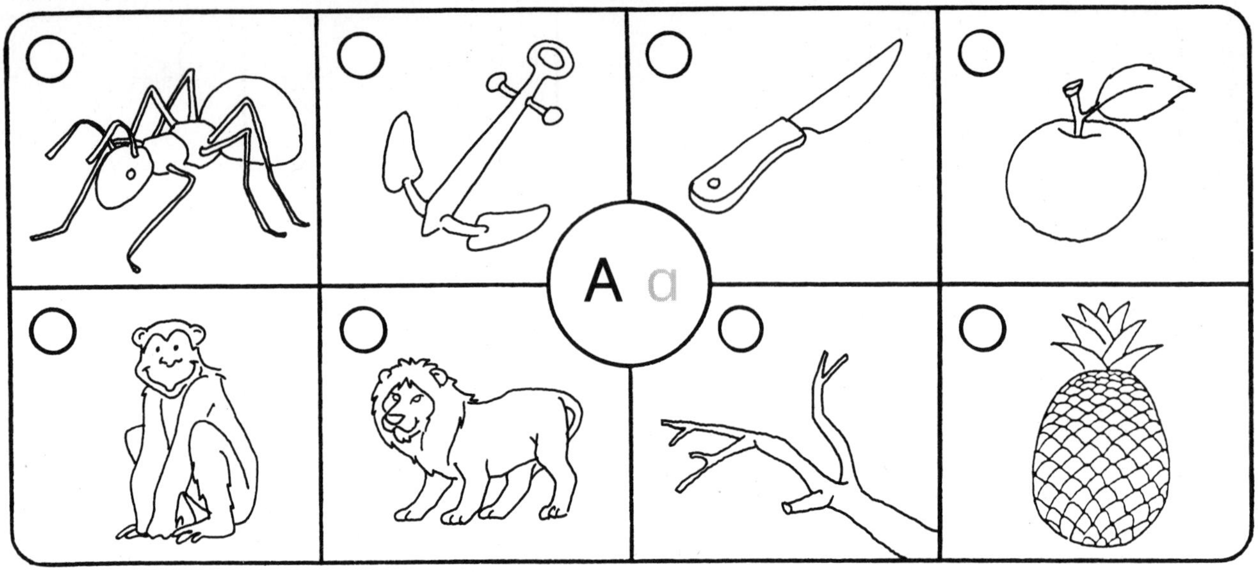

2

3

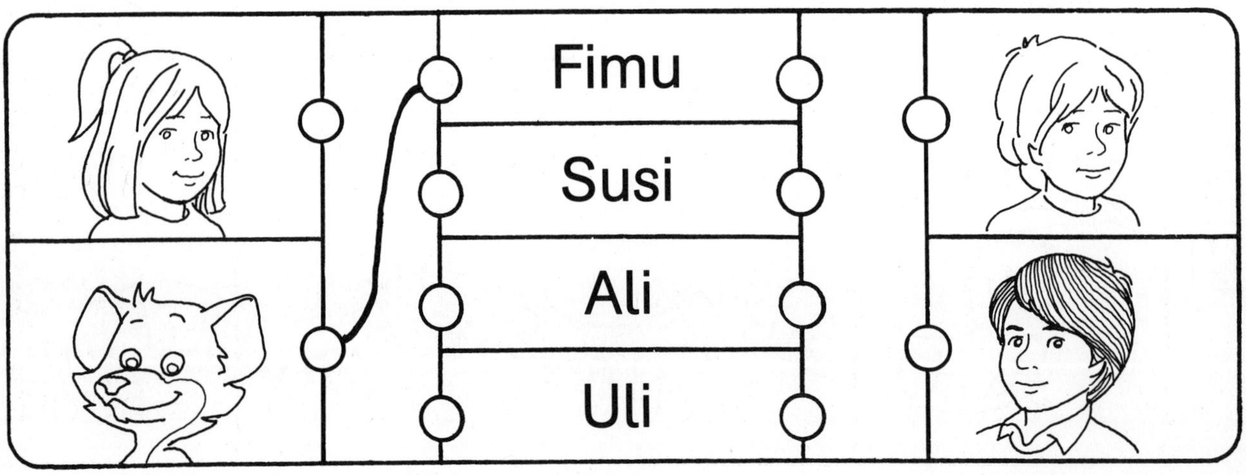

Name

1 Bilder deutlich benennen.
Wenn ein *M* zu hören ist, ankreuzen.
2 *M* bzw. *m* einkreisen.
3 Zum Bild passenden Namen einkreisen.

Mm

1

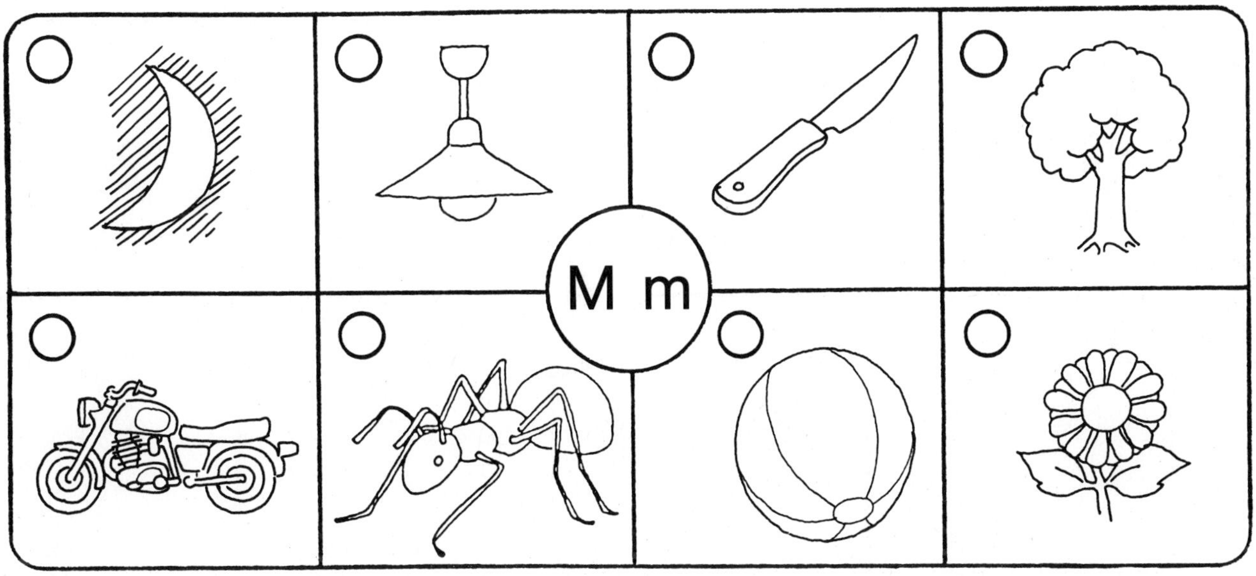

2

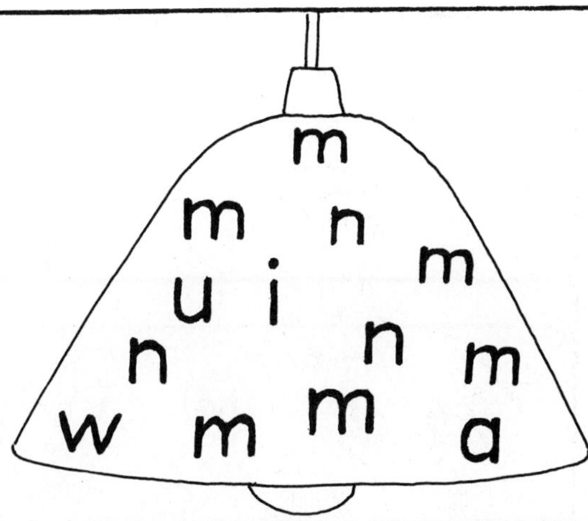

3

Ula	Fusi	Alu	Fumi
Uli	Susa	Uli	Sumi
Asi	Susi	Ali	Fimu

A a

1 Bilder deutlich benennen.
Wenn ein *A* zu hören ist, ankreuzen.
2 Äpfel mit *A* anmalen oder einkreisen, *a* einkreisen.
3 Wörter mit Strichen abgrenzen, evtl. verschiedenfarbig anmalen.

1

2

3

Name

Tt

1 Bilder deutlich benennen.
Wenn ein *T* zu hören ist, ankreuzen.
2 *T* einkreisen, Perlen mit *t* anmalen bzw. einkreisen.
3 *Ali, Tim, Uta* einkreisen.

1

2

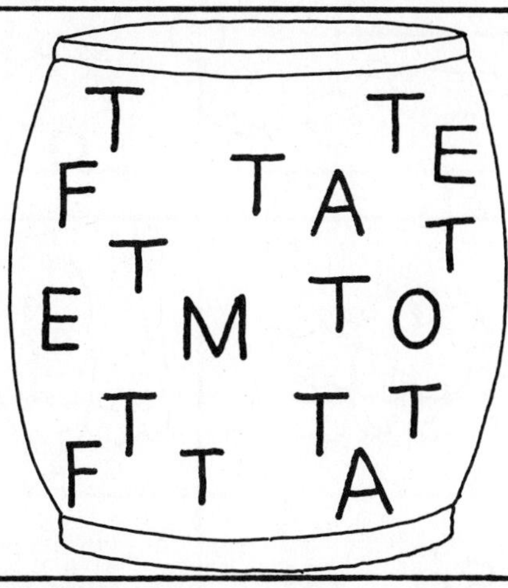

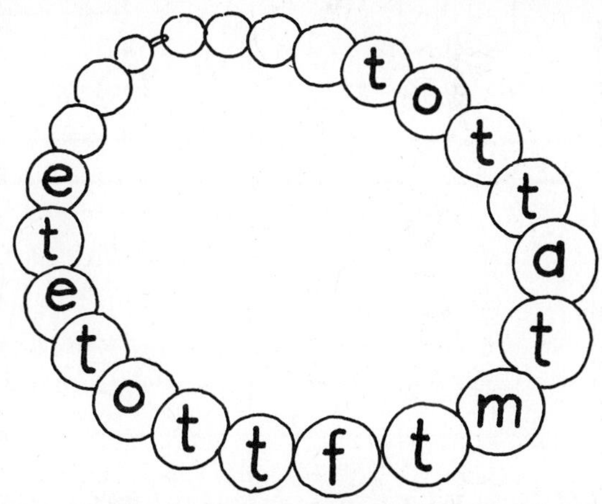

3

Ali	Uli Alu Ali Ala Ula Ali Asi Asu Ati
Tim	Tum Tam Tim Sim Fim Tim Sam Sum
Uta	Ata Ama Ula Uta Uli Uta Uma Ula

Tt

1 Text lesen. Bild ergänzen.
2 Wörter lesen, passende Bilder zuordnen.
3 Fehlende Buchstaben ergänzen.
4 Wörter mit Strichen abgrenzen, evtl. verschiedenfarbig anmalen.

1 Fimu

Fimu ist im  .

Fimu ist mit  im  .

Malt Fimus  !

Malt Fimus  lila!

2

Tim

Uta

Salat

Fimu

3

Uta	Ti__	Sa__at	Ma__a

4

Name

O o

1 Bilder deutlich benennen.
Wenn ein *O* zu hören ist, ankreuzen.
2 *O* bzw. *o* einkreisen.
3 *Oma, Momo, Foto* einkreisen.

1

2

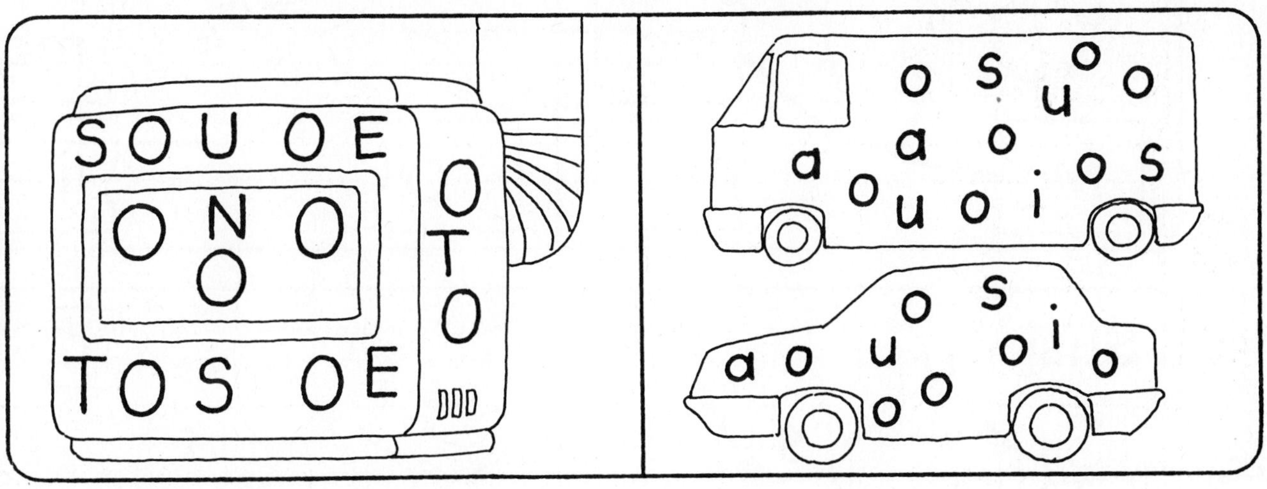

3

Oma	Omi Oma Ama Ola Oma Osa
Momo	Mimi Mumu Momo Mama Moma
Foto	Foto Falo Foto Fata Foso Foto

O o

1 Zum Bild passendes Wort einkreisen.
2 Bilder benennen, passende Silben miteinander verbinden.
3 Buchstaben zum passenden Wort verbinden.
4 Wörter in der Schlange mit Strichen abgrenzen, evtl. verschiedenfarbig anmalen.

1

Oli	Mama	Salat	Ama
Ali	Mimi	Salut	Omu
Alu	Momo	Silit	Oma

2

Mo

mi
ma
mo
mu

O

ta
si
ma
li

3

Susi

S u s i

F m i u

4

Name

O o

1 Text lesen, Bilder ausmalen.
2 Buchstaben zum passenden Wort verbinden.
3 Zum Bild passenden Satz ankreuzen.

1 Oma ist im .

Susi ist im .

Oma ist mit Susi im .

Malt Oma mit !

Malt Omas  lila!

2

Salat

3

○ Momo ist am .

○ Mama ist am .

○ Uli ist im .

○ Susi ist im .

Oo

1 Die passenden Wörter unter die Bilder schreibdrucken.
2 Fehlende Buchstaben ergänzen.
3 Zum Bild passende Anfangssilbe einkreisen.
4 Zum Bild passenden Satz ankreuzen.

1

Fimu Momo		
	Momo	______

2

__li	Sus_	F_mu	Ul_

3

Si Sa Su So 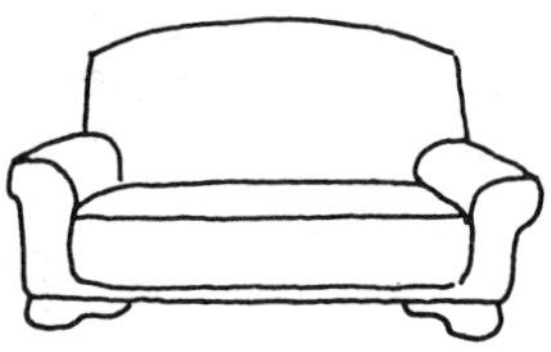	Fi Fo Fa Fu 	Mi Ma Mu Mo 

4

○ Uli ist mit  im  .

○ Fimu ist mit  im  .

○ Oma ist mit Momo im  .

○ Susi ist mit Momo im  .

Name

1 Bilder deutlich benennen.
Wenn ein *F* zu hören ist, ankreuzen.
2 *F* bzw. *f* einkreisen.
3 *Sofa, Saft, Salat* einkreisen.

f

1

2

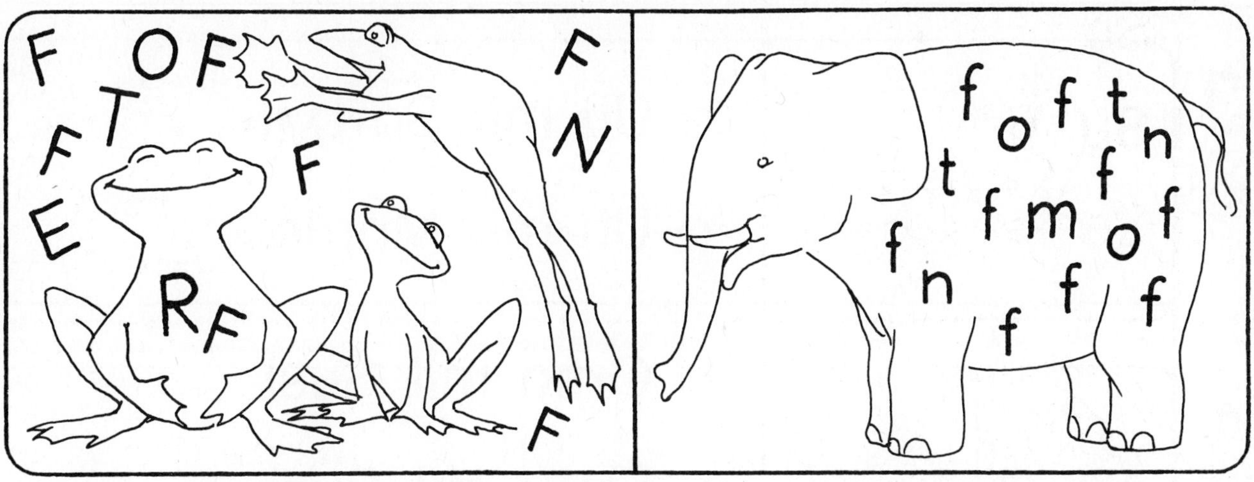

3

Sofa	Safo Sifo Sofa Saft Sufu Sofa
Saft	Suft Saft Sofot Safi Saft Sift
Salat	Silut Sulat Salat Safat Samut

f

1 Bilder benennen, passende Silben miteinander verbinden.
2 Die passenden Wörter unter die Bilder schreibdrucken.
3 Zum Bild passenden Satz ankreuzen.
4 Wörter mit Strichen abgrenzen, evtl. verschiedenfarbig anmalen.

1

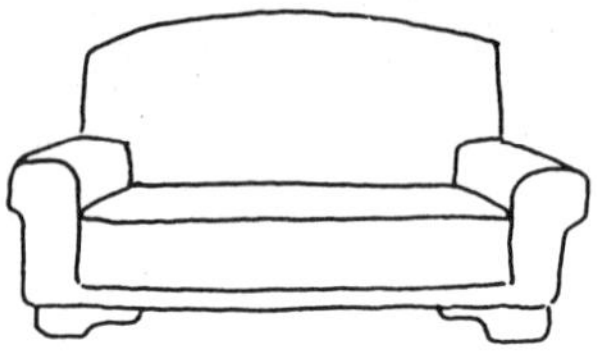

So

fu
fi
fa
fo

Fi

ma
mo
mi
mu

2

Saft

Sofa

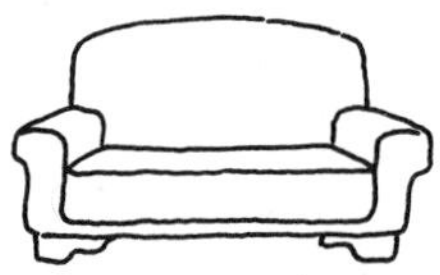	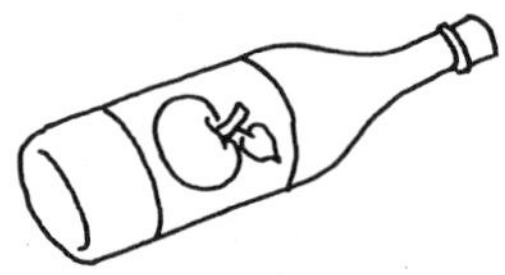
______	______

3

○ Uli mit Saft

○ Uli mit Momo

○ Oma mit Susi

○ Fimu mit Susi

4

Name

N n

1 Bilder deutlich benennen.
Wenn ein *N* zu hören ist, ankreuzen.
2 *N* bzw. *n* einkreisen.
3 *Nina, Not, Mann* einkreisen.

1 ☒

2 Ⓝ ⓝ

3 O

Nina	Nona Nana Nina Nunu Nono Nina
Not	Nat Nit Not Nofa Noto Not Nut
Mann	Monn Minna Mann Nann Manni

Nn

1 Zum Bild passende Anfangssilbe einkreisen.
2 Fehlende Buchstaben ergänzen.
3 Bilder benennen, passende Silben miteinander verbinden.
4 Buchstaben zum passenden Wort verbinden.

1

Ni No Na Nu	No Na Nu Ni	Ta To Tu Ti

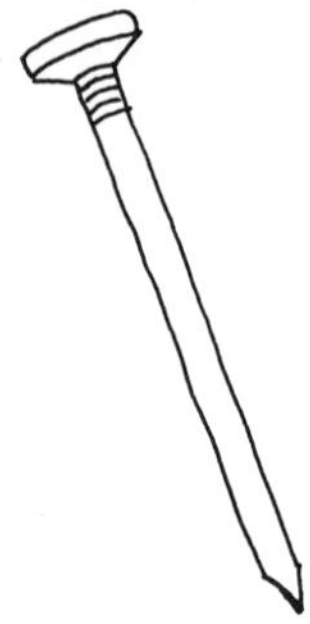

2

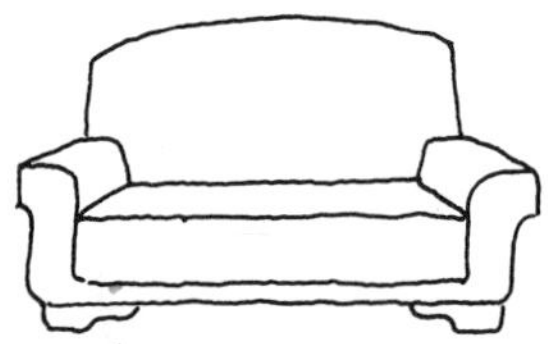

Ni__a	S__fa	___tto	Alf_

3

Ni

no
na
ni

Sa

lot
lat
lut

4

Sofa

Name

Nn

Text lesen.
Bilder anmalen.

Nina ist am 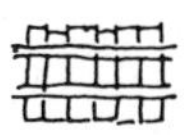 .

Momo ist am  .

Nina ist mit Momo am  .

Nanu!

Momo ist im Salat!

O, Momo!

Nn

1 Zum Bild passendes Wort einkreisen.
2 Namen unter das passende Bild schreibdrucken.
3 Zum Bild passenden Satz ankreuzen.
4 Wörter mit Strichen abgrenzen, evtl. verschiedenfarbig anmalen.

1

			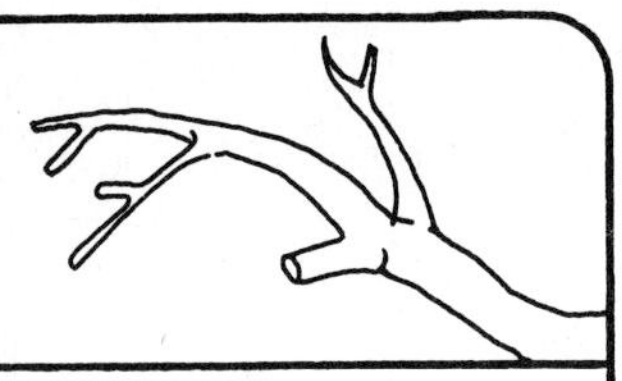
Salat	Oma	Ali	Susi
Saft	Otto	Alfi	Ast
Sofa	Mama	Ananas	Uli

2

Otto		
Nina	______________	______________

3

	○ Nina ist im . ○ Oma ist im .
	○ Uli ist am . ○ Susi ist am .

4

Name

1 Bilder deutlich benennen.
Wenn ein *E* zu hören ist, ankreuzen.
2 *E* bzw. *e* einkreisen.
3 *Elefant, Esel, Ente* einkreisen.

E e

1

2

3

Elefant	Elefunt Elifant Elefant Melefunt
Esel	Esal Asel Esel Efel Esem Esel
Ente	Ante Unte Ente Entel Ente Emte

Ee

1 Zum Bild passendes Wort einkreisen.
2 Zum Bild passende Anfangssilbe einkreisen.
3 Buchstaben zum passenden Wort verbinden.
4 Wörter dem passenden Bild zuordnen.

1

			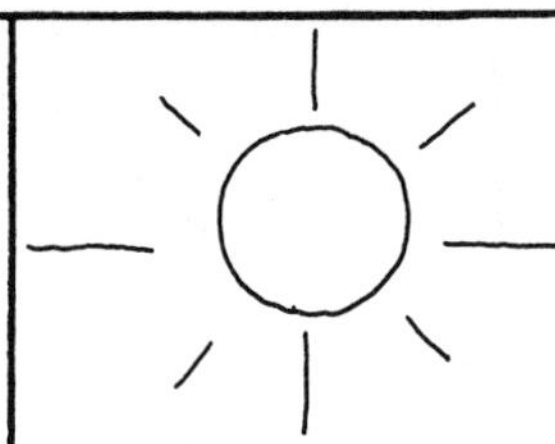
Tanne Tonne	Tasse Nase	Affe Tomate	Ente Sonne

2

Te To Tu 	Te To Ti 	Fe Fa Fo 

3

Telefon · l f o T e e n

e a n E l f t

4

Sessel

Tafel

Esel

Mantel

Name

1 Text lesen.
Bild ergänzen.
2 Rätsel lösen.
Lösungswort schreibdrucken.

E e

1

Tante Anne ist am See.
Uli ist am See.
Uli ist mit Tante Anne am See.

Uli nimmt Momo mit.
Momo ist im See.
Male Momo im See!

2

			E				
	N	a		e			
	E	l		f	a	n	t
	T	e		e	f	o	n

L

1 Bilder deutlich benennen.
  Wenn ein *L* zu hören ist, ankreuzen.
2 *L* einkreisen.
3 Zum Bild passende Anfangssilbe einkreisen.
4 Fehlende Buchstaben ergänzen.

1

L l

○ 	○ 	○ 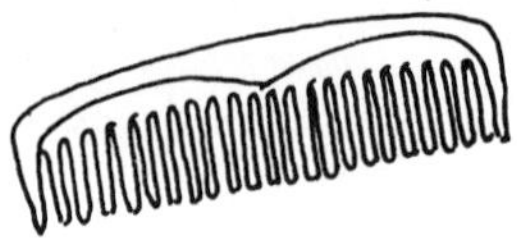	○ 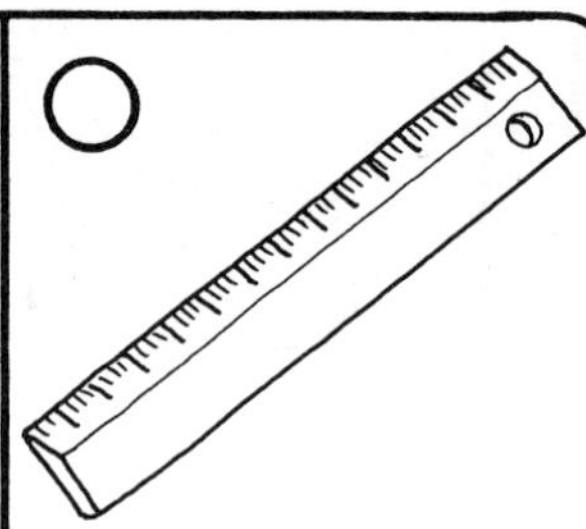

2

3

Li Lu Lo La 	Le Lo Lu La 	Lu La Li Lo 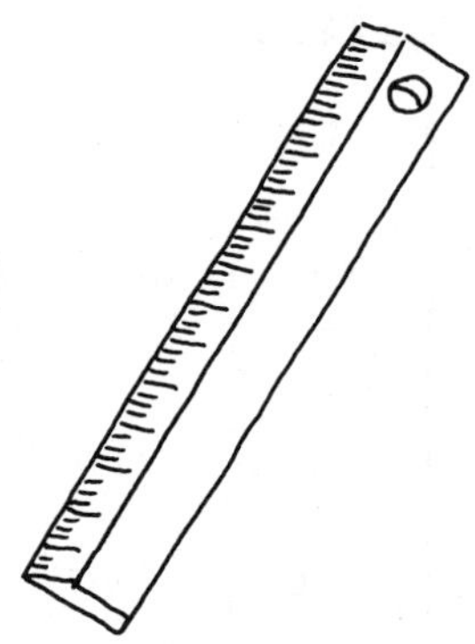

4

	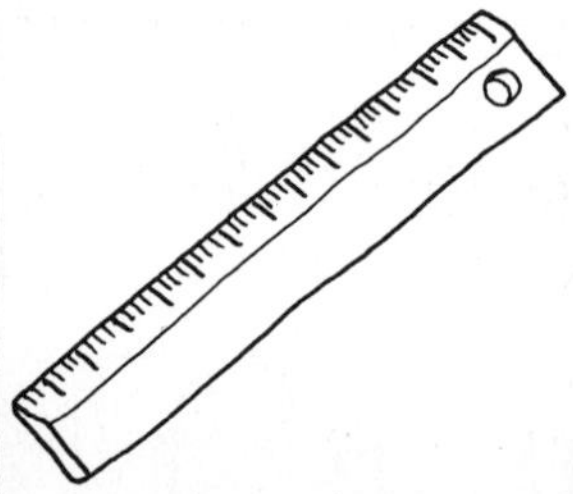		
La__a	Linea_	El_fant	_sel

Name

R r

1 Bilder deutlich benennen.
Wenn ein *R* zu hören ist, ankreuzen.
2 *R* einkreisen, Blätter mit *r* anmalen bzw. einkreisen.
3 *Messer, Roller, Tasse* einkreisen.

1

2

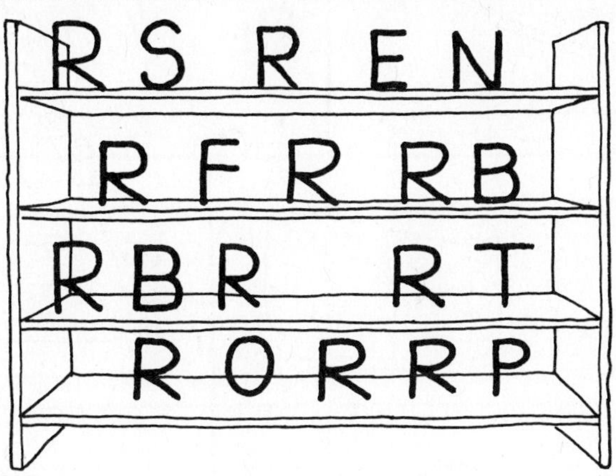

3

Messer	Messe Masse Messer Masser
Roller	Rille Roller Rolle Rulle Roller
Tasse	Lasso Rasse Tasse Russe Tasse

Rr

1 Wörter den passenden Bildern zuordnen.
2 Zum Bild passende Anfangssilbe einkreisen.
3 Fehlende Buchstaben ergänzen.
4 Buchstaben zum passenden Wort verbinden.

1

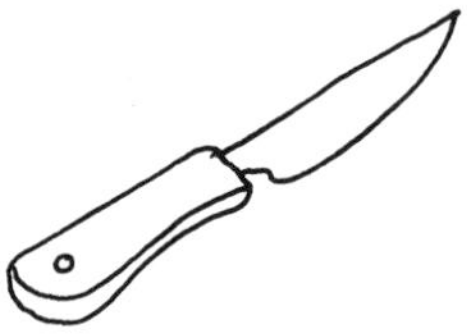

Messer
Rose
Sofa
Tor

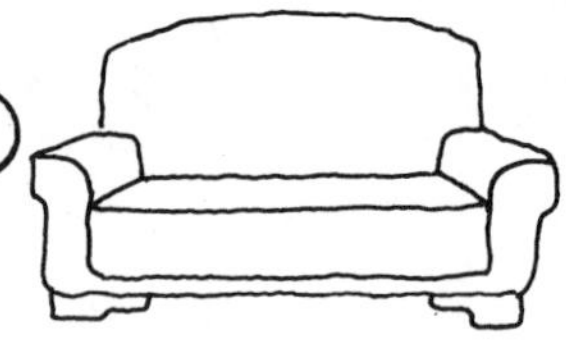
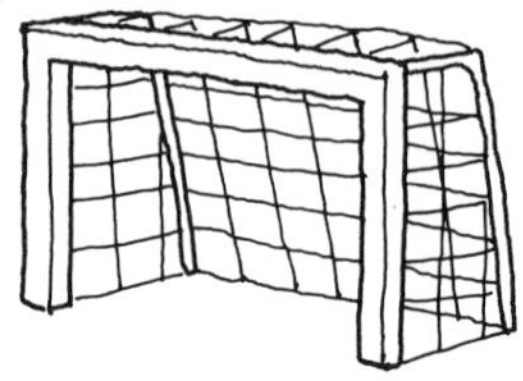

2

Re	Ri	Ru
Ri	Ro	Ra
Ra	Re	Re
Ro	Ru	Ri

3

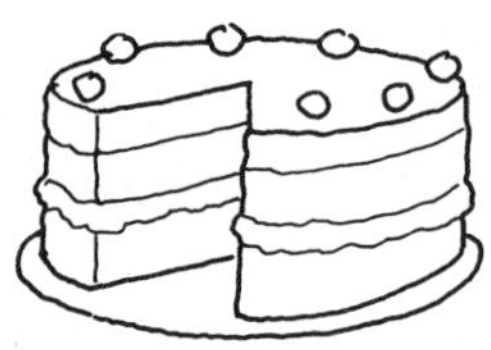

En_e	La_erne	Tor_e	_elefon

4

Messer

Name

1 Text lesen.
Satzteile verbinden.
2 Rätsel lösen.
Lösungswort schreibdrucken.

R r

1 Uli malt.
Uli malt Elefanten.
Uli malt Elefanten am See.

Susi malt.
Susi malt Rosen.
Susi malt Rosen am Fenster.

Fimu malt.
Fimu malt Affen.
Fimu malt Affen am Ast.

Uli malt	○	○	Affen am Ast.
Susi malt	○	○	Elefanten am See.
Fimu malt	○	○	Rosen am Fenster.

2

			R				
		R		l	l	e	r
	N	a		e			
L	a	t		r	n	e	

I

1 Bilder deutlich benennen.
Wenn ein *I* zu hören ist, ankreuzen.
2 *I* einkreisen.
3 *Ines, Ina, Irene* einkreisen.
4 Wörter mit Strichen abgrenzen, evtl. verschiedenfarbig anmalen.

1

2

3

Ines	Imes Isen Ines Inon Iner Ines Inas
Ina	Ima Imo Ina Inas Ina Ini Ina Ino
Irene	Inene Irene Iris Irone Irane Irene Ire

4

Name

W w

1 Bilder deutlich benennen.
Wenn ein *W* zu hören ist, ankreuzen.
2 *W* bzw. *w* einkreisen.
3 *Wolle, Wasser, warm* einkreisen.

1

2

3

Wolle	Woller Welle Wolle Wille Wullo
Wasser	Wassor Wesser Wasser Messer
warm	worm wirm warm war warm was

Ww

1 Wörter unter das passende Bild schreibdrucken.
2 Zum Bild passendes Wort einkreisen.
3 Zu Frage und Bild passenden Satz ankreuzen.
4 Buchstaben zum passenden Wort verbinden.

1

Wolle

Wolf

2

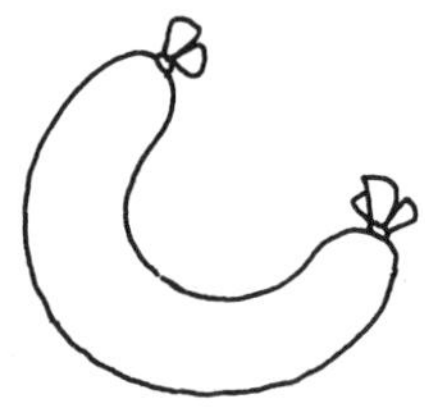

Tal	Affe	Wurst	Tasse
Wal	Wolf	Ast	Wasser

3

Was will Susi?

- ○ Susi will Wurst essen.
- ○ Susi will Waffeln essen.
- ○ Susi will Torte essen.

4

Wolle

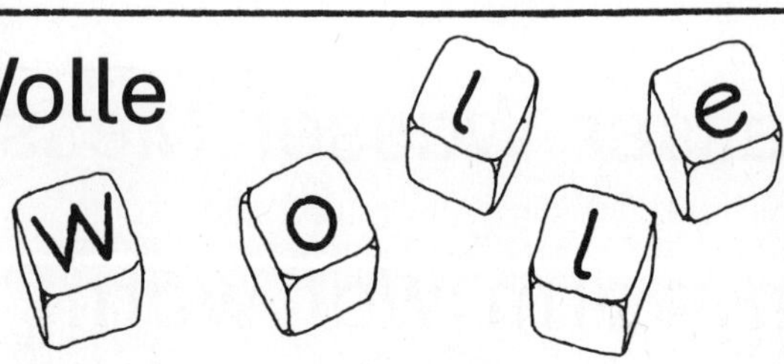

Name

Ww

1 Sätze den passenden Bildern zuordnen.
2 Rätsel lösen.
Lösungswort schreibdrucken.

1

Mama ruft:
„Susi, ins warme Wasser!“

Susi ist im Wasser. Im Wasser ist es toll.

Wo ist Susi?
Susi ist unter Wasser.

2

		W				
	S		f	a		
R	o		l	e	r	
T	e		l	e	r	
E	l		f	a	n	t

W w

1 Bilder benennen, passende Silben miteinander verbinden.
2 Wörter den passenden Bildern zuordnen.
3 Zum Bild passenden Satz ankreuzen.

1

Ro

sa
si
so
se

La

mi
mo
ma
me

2

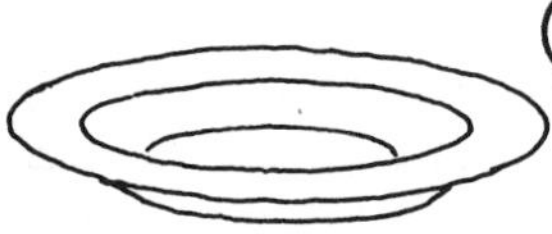

○ Tasse ○
○ Wasser ○
○ Messer ○
○ Teller ○
○ Roller ○
○ Wolle ○

3

○ Uli ist im Wasser.

○ Uli ist im Tor.

○ Susi ist am Telefon.

○ Susi ist am Fenster.

Rose	Tanne	Telefon	Torte
Laterne	Sessel	Ananas	Insel
Falle	Tasse	Teller	Tonne

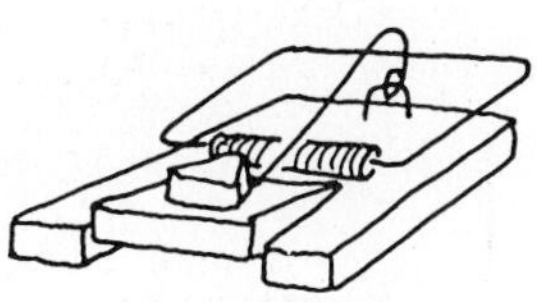

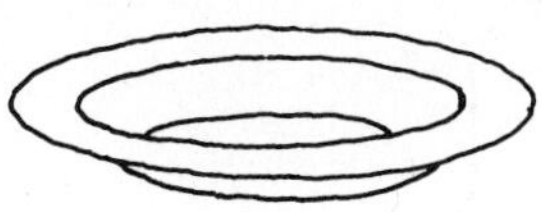

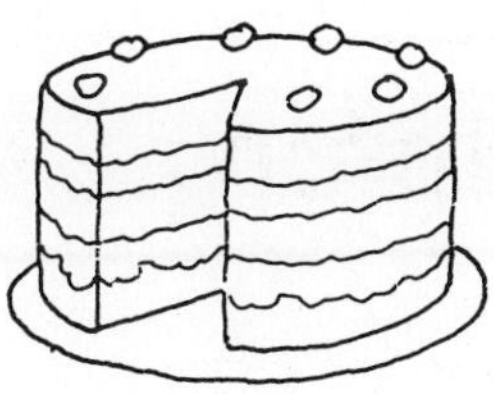

ser  Af	fe  En	te  Lo
ra  Wol	le  La	ma  E
sel  Fi	mu  Man	tel  Na
se  To	mate 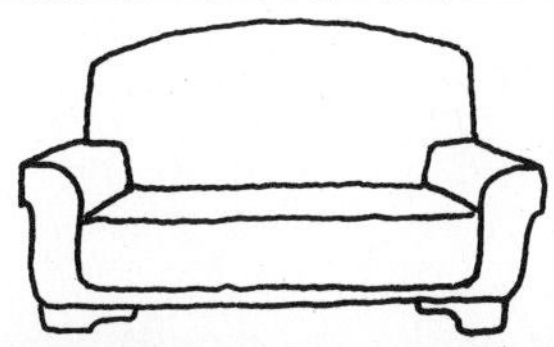 So	fa  Tele
fon  Ta	fel  Fo	to  Fen
ster  Rol	ler  O	fen 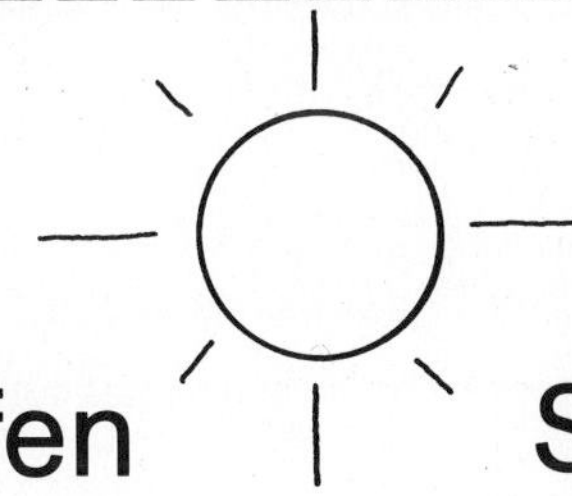 Son
ne  Mo	mo  Ele	fant 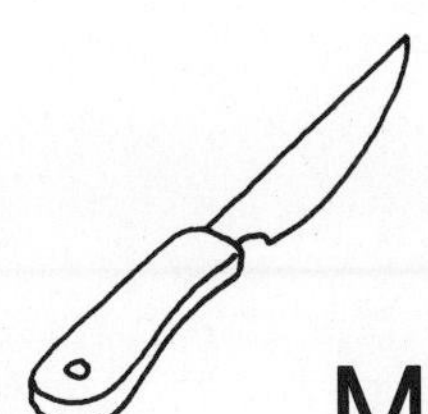 Mes

Spielanleitung

Zum Spielen werden ein Würfel und für die Mitspieler je eine farbig unterscheidbare Setzfigur (Plättchen) benötigt. Vor jedem Spiel wird ein Abhörbuchstabe/-laut festgelegt.

Der Spieler, der zuerst eine 6 würfelt, beginnt. Er würfelt nochmals und setzt seine Figur auf das seiner gewürfelten Zahl entsprechende Feld. Dann spricht er den Namen des Gegenstandes (Tieres), dessen Bild er erreicht hat, deutlich aus. Hört er einen zum vereinbarten Buchstaben gehörenden Laut, so darf er nochmals würfeln, sonst würfelt der nächste Spieler.

Wer zuerst das Feld „Tor“ überschreitet, hat gewonnen.

Name

H h

1 Bilder deutlich benennen.
Wenn ein *H* zu hören ist, ankreuzen.
2 *H* bzw. *h* einkreisen.
3 *Hansi, helfen, Hilfe* einkreisen.

1

2

3

Hansi	Hans Hani Hansi Hals Hasi Hansi
helfen	helen hefen helfen hufen halfen
Hilfe	Hulfe Hilfe Hilf Halfa Hife Hilfe

H h

1 Zum Bild passendes Wort einkreisen.
2 Wörter den passenden Bildern zuordnen.
3 Zum Bild passenden Satz ankreuzen.

1

Hose Hase	Hut Huhn	Hals Hammer	Tonne Tante

2

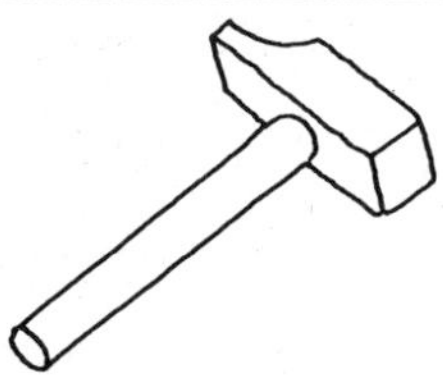

Hase
Hammer
Hose
Hahn
Uhu
Heft

3

○ Hansi ist am Fenster.

○ Hansi ist am Ofen.

○ Fimu hat Mamas Hammer.

○ Fimu hat Omas Hut.

Name

1 Text lesen.
Bilder anmalen.
2 Rätsel lösen.
Lösungswort schreibdrucken.

Hh

1 Male Susi an!

Male Susis Hose rot an!

Male Uli an!

Male Ulis Hose rosa an!

Male Oma an!

Male Omas Hut lila an!

Male Fimu an!

2

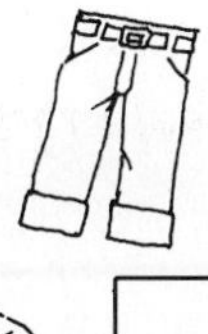

			H				
		H		m	m	e	r
	H	o		e			
T	e	l		f	o	n	

H h

1 Fehlende Buchstaben ergänzen.
2 Wörter unter das passende Bild schreibdrucken.
3 Zu Frage und Bild passenden Satz ankreuzen.
4 Bilder benennen, passende Silben miteinander verbinden.

1

Ro_e	_ut	_essel	M_ntel

2

Hammer

Hase

	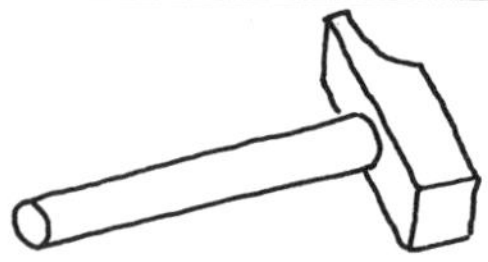
____________	____________

3

Was tut Uli?

○ Uli turnt am Ast.
○ Uli holt Wasser.
○ Uli malt rote Rosen.

4

so
si
su
Ha
se

ta
to
te
En
ti

Name

1 Bilder deutlich benennen.
Wenn ein *Ei* zu hören ist, oben ankreuzen.
Unten ankreuzen, an welcher Stelle im Wort der Laut steht.
2 *Ei* bzw. *ei* einkreisen.
3 *Leiter, Seife, Eis* einkreisen.

Ei ei

1

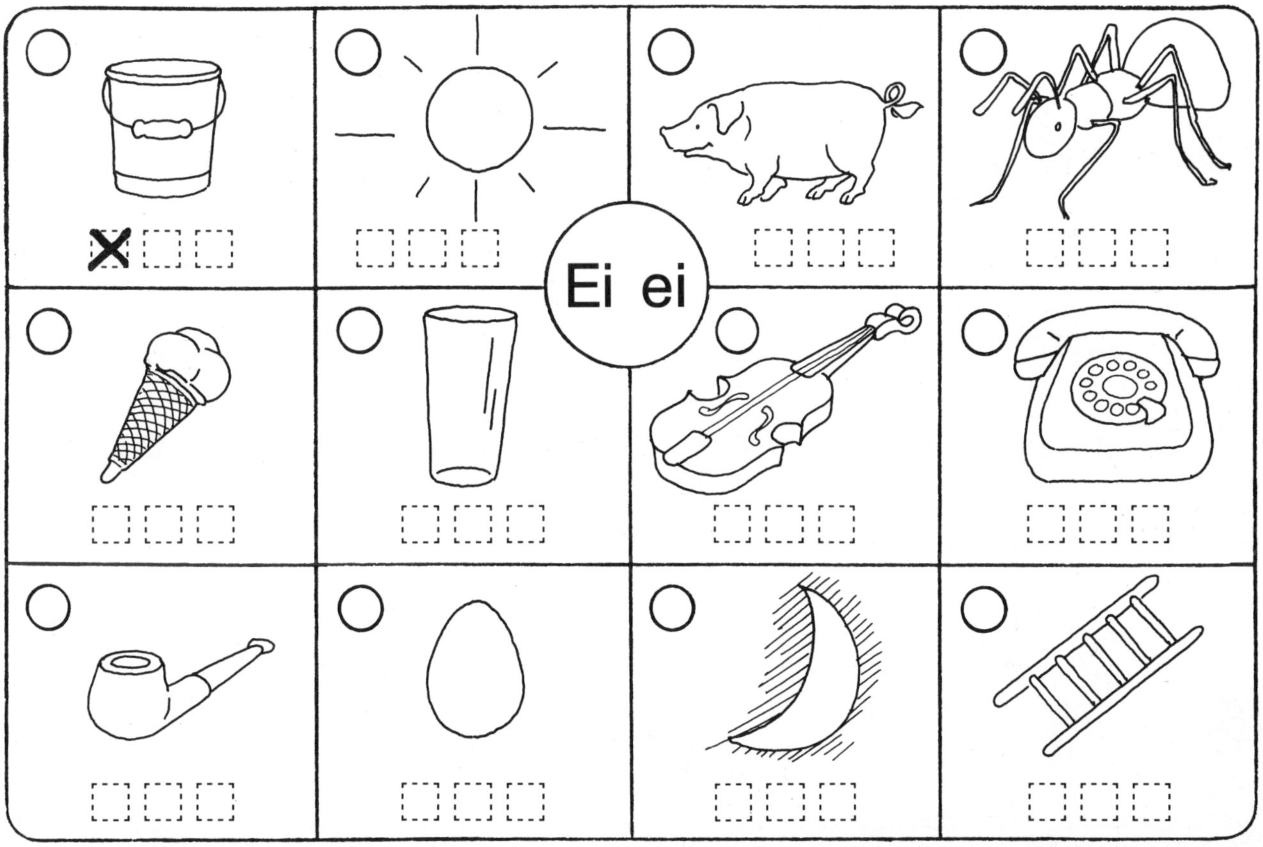

2

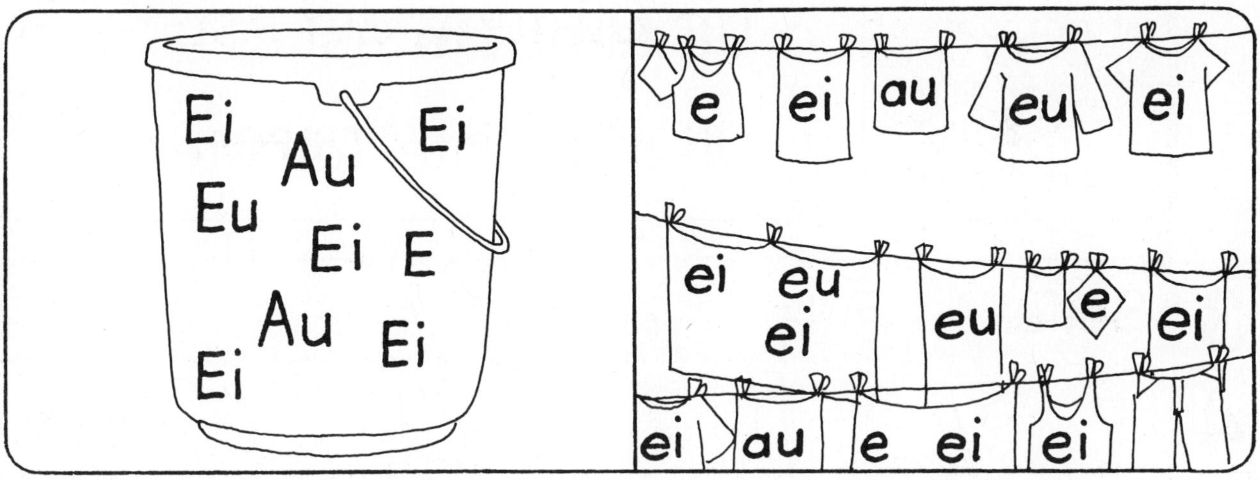

3

Leiter	Leine Leiter Reiter Retter Leiter
Seife	Seil Seife Teile Seife Seite Seile
Eis	Eisen Ei Eis Eimer Eis Reis Eis

Ei ei

1 Zum Bild passendes Wort einkreisen.
2 Zum Bild passenden Satz ankreuzen.
3 Buchstaben zum passenden Wort verbinden.
4 Wörter mit Strichen abgrenzen, evtl. verschiedenfarbig anmalen.

1

	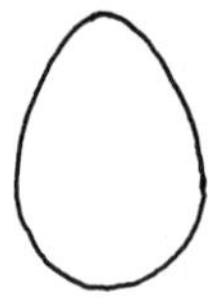	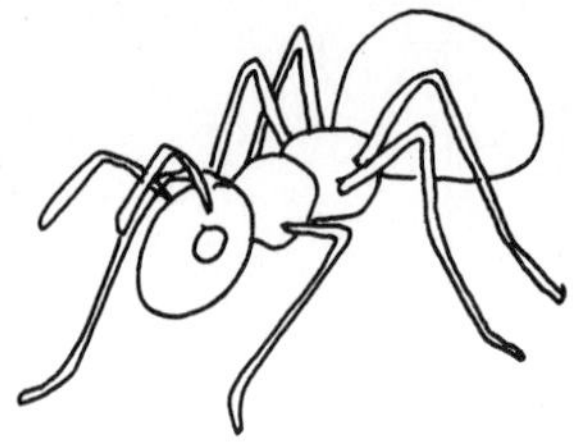	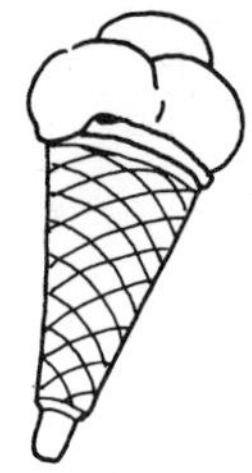
Affe	Eis	Ameise	Eimer
Ananas	Ei	Seife	Eis

2

○ Susi rennt ins Wasser.

○ Susi ruft Uli an.

○ Uli turnt am Ast.

○ Uli malt rote Tomaten.

3

Seife

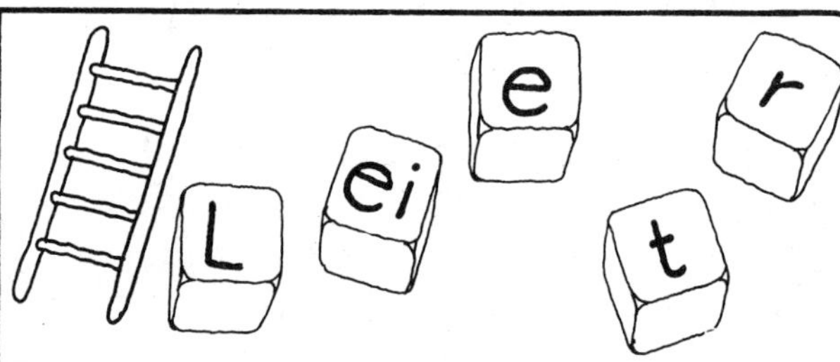

4

Name

Ei ei

Text lesen.
Zum Text passenden Satz ankreuzen.

Es ist Winter.
Uli ist am Fenster.
Eine Meise flattert am Fenster.

Uli will Futter holen.
Wo ist nur Futter?

Was fressen Meisen?

☒ Wer flattert am Fenster?

- ○ Am Fenster flattert eine Amsel.
- ○ Am Fenster flattert ein Star.
- ○ Am Fenster flattert eine Meise.

Ei ei

1 Wörter den passenden Bildern zuordnen, *er* einkreisen.
2 Zu Frage und Bild passenden Satz ankreuzen.
3 Rätsel lösen. Lösungswort schreibdrucken.

1

- ○ Leiter ○
- ○ Eimer ○
- ○ Hammer ○
- ○ Roller ○
- ○ Reiter ○
- ○ Messer ○

2

Was holt Nina?

- ○ Nina holt eine Leiter.
- ○ Nina holt einen Hammer.
- ○ Nina holt einen Eimer.

3

				Ei				
			A		ei	s	e	
		E	l		f	a	n	t
L	ei	t	e					

____

Name

1 Bilder deutlich benennen.
Wenn ein *K* zu hören ist, oben ankreuzen.
Unten ankreuzen, an welcher Stelle im Wort der Laut steht.
2 *K* bzw. *k* einkreisen.
3 *Kamel, Wolken, Himmel* einkreisen.

K k

1

2

3

Kamel	Kemal Kanel Kamel Kame Kalel Kamel
Wolken	Woken Wolen Wolken Wolle Wolken
Himmel	Hammel Hummel Himmel Hammer

Kk

1 Bilder benennen, passende Silben miteinander verbinden.
2 Zum Bild passendes Wort einkreisen.
3 Fehlende Buchstaben ergänzen.
4 Zum Bild passenden Satz ankreuzen.

1

Ket

tu
ti
te
ta

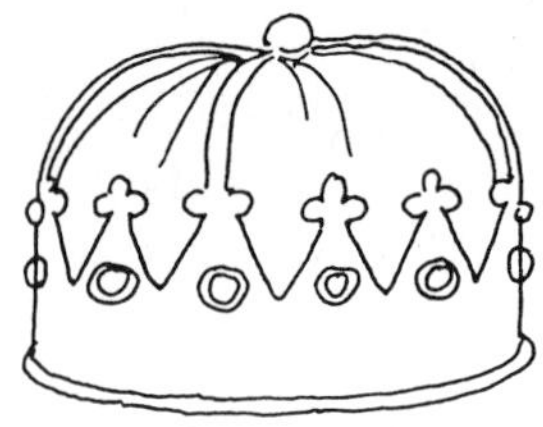

Kro

no
ni
na
ne

2

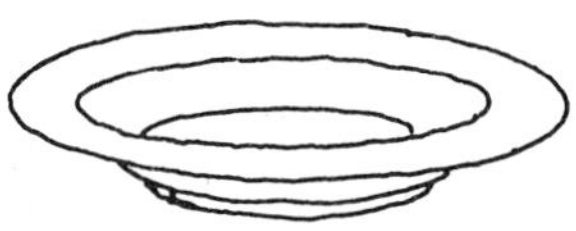			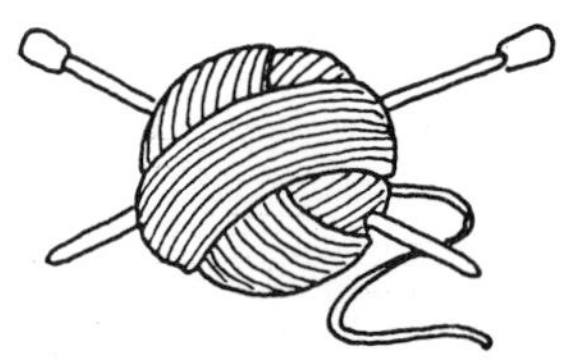
Keller Teller	Tasse Klasse	Sonne Tonne	Wolle Rolle

3

			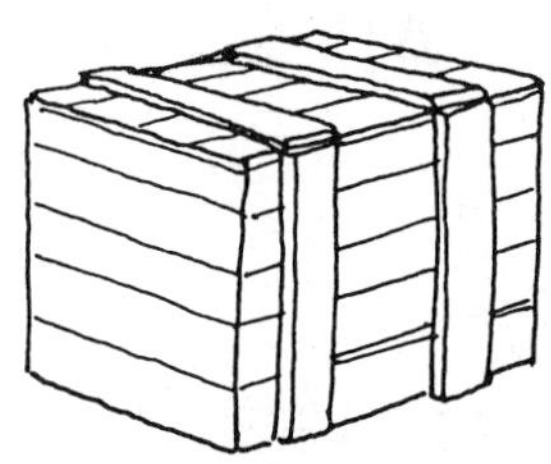
__olken	Ka__el	Ka__tus	__iste

4

○ Oma holt eine Tasse.
○ Oma holt eine Kanne.

○ Ali klettert an einem Seil.
○ Ali klettert an einem Ast.

Name

1 Texte lesen.
Zum Text passende Antwort ankreuzen.
2 Wörter mit Strichen abgrenzen, evtl. verschiedenfarbig anmalen.

K k

1 Was kann Susi?
Susi kann klettern.
Susi kann an einem Seil klettern.

Was kann Uli?
Uli kann malen.
Uli kann ein Kamel malen.

Was kann Ali?
Ali kann werfen.
Ali kann weit werfen.

☒

Wer kann weit werfen?	○ Susi	○ Uli	○ Ali
Wer kann an einem Seil klettern?	○ Susi	○ Uli	○ Ali
Wer kann ein Kamel malen?	○ Susi	○ Uli	○ Ali

2 ||

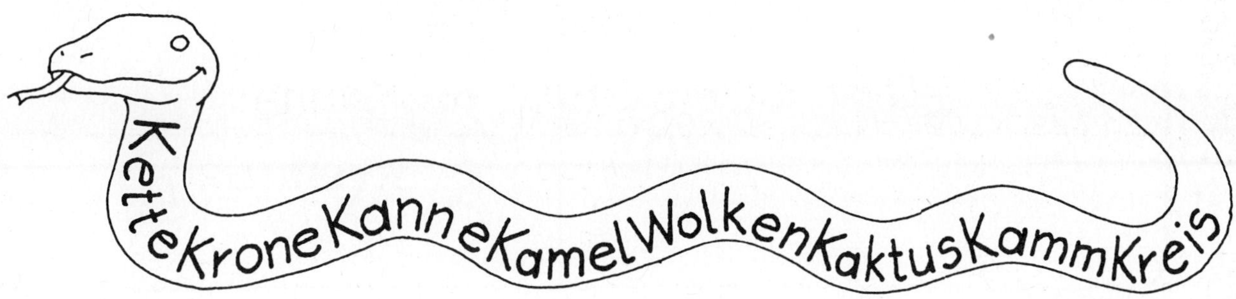

Kk

1 Fehlende Buchstaben ergänzen, Wörter mit passendem Bild verbinden.
2 Zu Frage und Bild passenden Satz ankreuzen.
3 Zum Bild passende Anfangssilbe einkreisen.
4 Buchstaben zum passenden Wort verbinden.

1

K

__amel	__amm	__aktus	__ette
			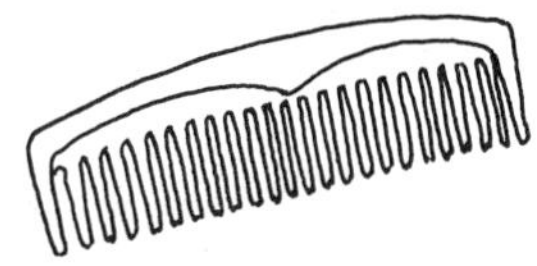

2

Was holt Tim?

- ○ Tim holt einen Roller.
- ○ Tim holt eine Kanne.
- ○ Tim holt eine Laterne.

3

Ko Ki Ka Ku	Ke Ku Ka Ko	He Hi Hu Ha
	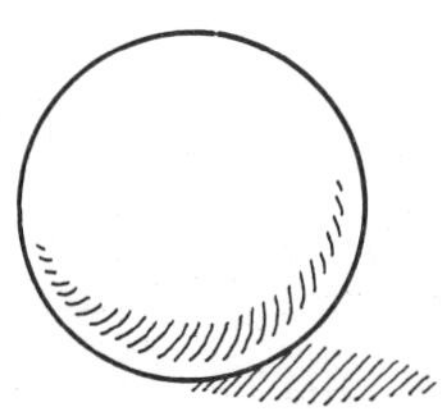	

4

Kamm

Name

1 Bilder deutlich benennen.
Wenn ein *D* zu hören ist, oben ankreuzen.
Unten ankreuzen, an welcher Stelle im Wort der Laut steht.
2 *D* bzw. *d* einkreisen.
3 *Dose, findet, Keller* einkreisen.

D d

1

2

3

Dose	Deso Duse Dose Dase Dose Duso Deso
findet	finet fidet findet finden fendit findet finden
Keller	Kuller Koller Keller Kelle Keller Kette

D d

1 Fehlende Buchstaben ergänzen.
2 Zum Bild passenden Satz ankreuzen.
3 Zum Bild passendes Wort einkreisen.
4 Wörter unter das passende Bild schreibdrucken.

1

			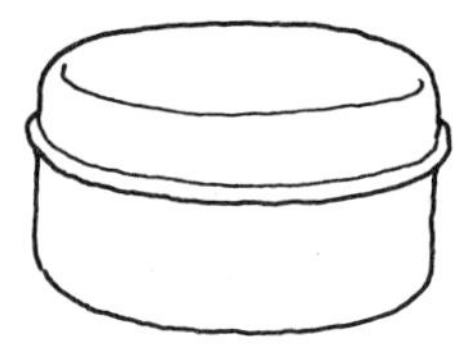
Fe__er	H__nd	__und	Do__e

2

- ○ Uli und Susi wandern.
- ○ Uli und Susi klettern.
- ○ Uli und Susi rudern.

3

Wasser Wald Wanne	Klasse Klammer Kleid	Hammer Hals Hand	Ratte Rad Radio

4

Hand Feder		
	________________	________________

Name

D d

1 Zu Frage und Bild passenden Satz ankreuzen. Text lesen.
2 Rätsel lösen. Lösungswort schreibdrucken.

1

Was findet Uli im Keller?

- ○ Er findet einen alten Koffer.
- ○ Er findet eine kleine Kiste.
- ○ Er findet eine runde Dose.

Was ist in Ulis Dose?

Sind Klammern in der Dose?
Sind alte Korken in der Dose?
Sind Fotos in der Dose?
Oder ist Ulis Dose etwa leer?

Es sind neinatsaK in der Dose!

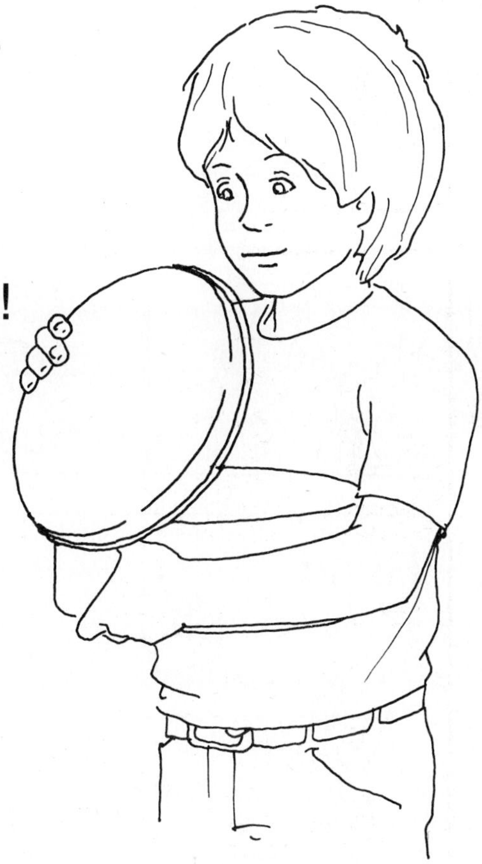

2

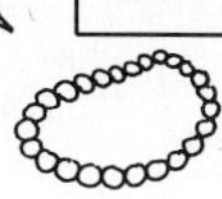

			D			
		W		l	k	e
A	m	ei		e		
		K		t	t	e

D d

1 Bilder benennen, passende Silben miteinander verbinden.
2 Wörter den passenden Bildern zuordnen.
3 Zu Frage und Bild passenden Satz ankreuzen.
4 Buchstaben zum passenden Wort verbinden.
5 Wörter mit Strichen abgrenzen, evtl. verschiedenfarbig anmalen.

1

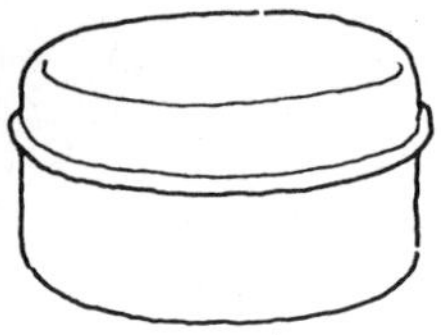

Do

si
su
se
sa

Fe

dor
dir
dar
der

Ka

mol
mel
mul
mil

2

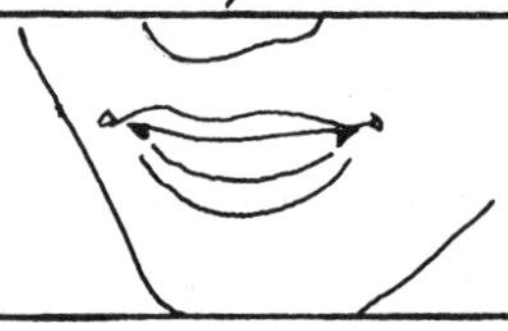

Hund
Mund
Hand
Kind

3

Susi findet etwas. Was findet Susi?

- ○ Susi findet eine Dose.
- ○ Susi findet eine Feder.
- ○ Susi findet eine Mark.

4

Hund

5

Name

1 Bilder deutlich benennen.
Wenn ein *G* zu hören ist, oben ankreuzen.
Unten ankreuzen, an welcher Stelle im Wort der Laut steht.
2 *G* bzw. *g* einkreisen.
3 *Garten, Igel, Sommer* einkreisen.

G g

1

2

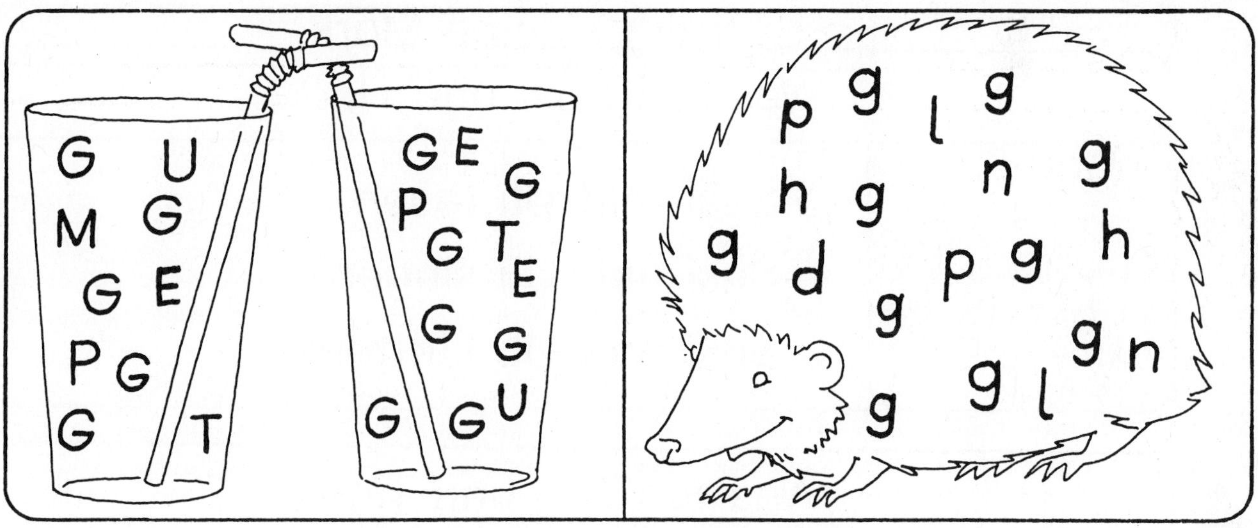

3

Garten	Garen Gurten Garten Gart Gurt Garten
Igel	Agel Ogel Ugel Igel Isel Imel Igel
Sommer	Summer Simmer Sommer Sonne Somer

G g

1 Zum Bild passende Anfangssilbe einkreisen.
2 Wörter den passenden Bildern zuordnen.
3 4 Zu Frage und Bild passenden Satz ankreuzen.

1

Gu
Gi
Ga
Go

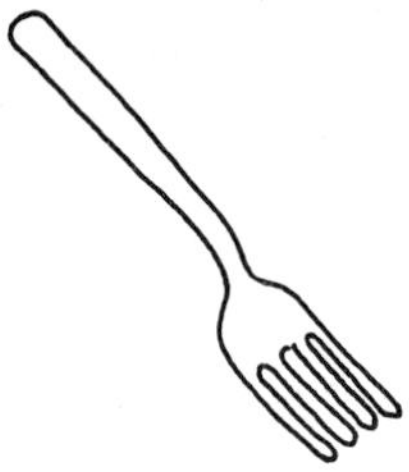

Ge
Go
Gu
Gi

Hu
Ha
He
Ho

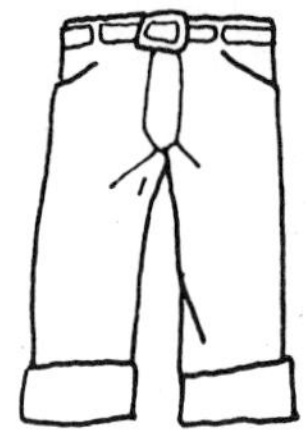

Di
Da
Do
De

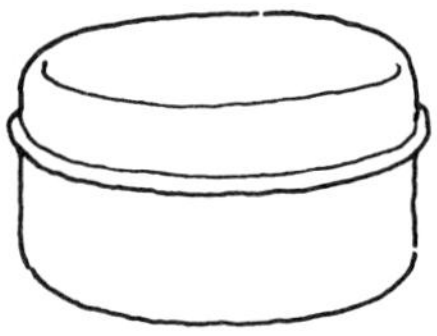

Ni
No
Nu
Na

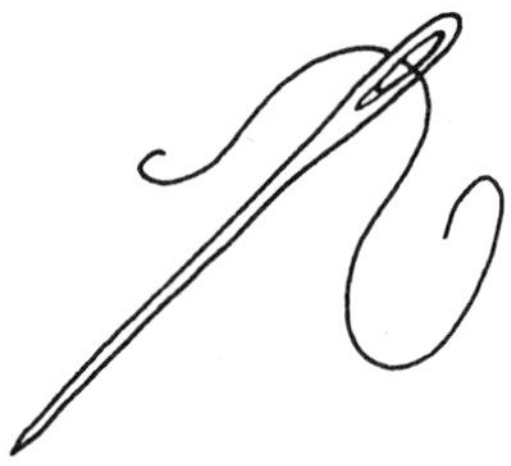

Wi
We
Wa
Wu

2

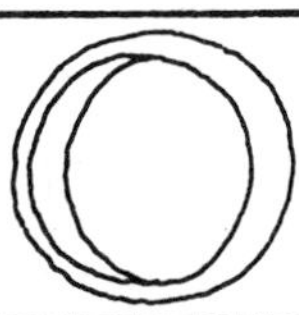

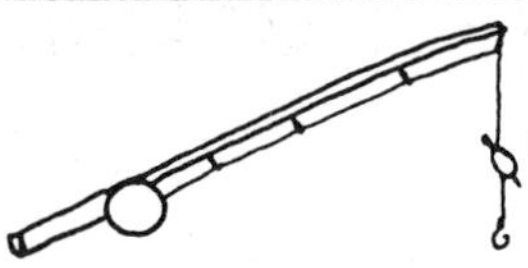

Engel
Angel
Ring
Hering

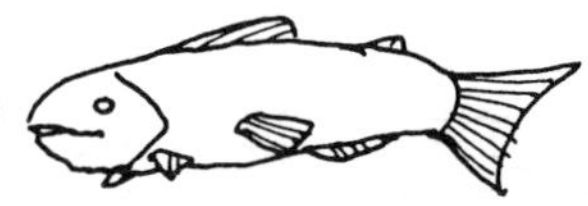

3

Was tun Susi und Uli?

○ Susi und Uli lesen.
○ Susi und Uli singen.
○ Susi und Uli klettern.

4

Was tun Tim und Tina?

○ Tim und Tina malen.
○ Tim und Tina turnen.
○ Tim und Tina angeln.

Name

G g

Text lesen.
Bilder vervollständigen.

Nina

Nina geht.
Nina geht mit Momo.
Nina geht mit Momo an der Leine.
Nina geht mit Momo an der Leine in den Garten.

Male Momo!

Ein Huhn

Ein Huhn legt ein Ei.
Ein Huhn legt ein Ei ins Nest.

Male ein Ei ins Nest!

G g

1 Bilder benennen, passende Silben miteinander verbinden.
2 Zu Frage und Bild passende Aussage ankreuzen.
3 Zum Bild passendes Wort einkreisen.
4 Buchstaben zum passenden Wort verbinden.

1

Gei — go, gu, ga, ge

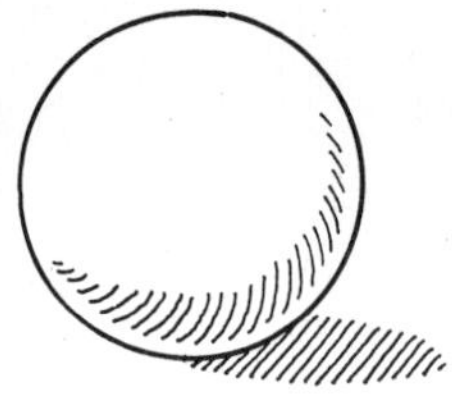

Ku — gal, gul, gel, gil

Re — gul, gol, gil, gal

2

Wohin geht Ali?

- ○ an den See
- ○ in den Garten
- ○ in den Wald
- ○ in den Keller
- ○ ins Kino
- ○ ins Museum

3

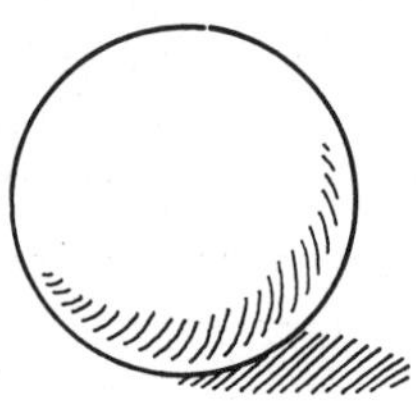

Kegel
Kugel
Kamel

Nagel
Nudel
Nadel

Igel
Geige
Garten

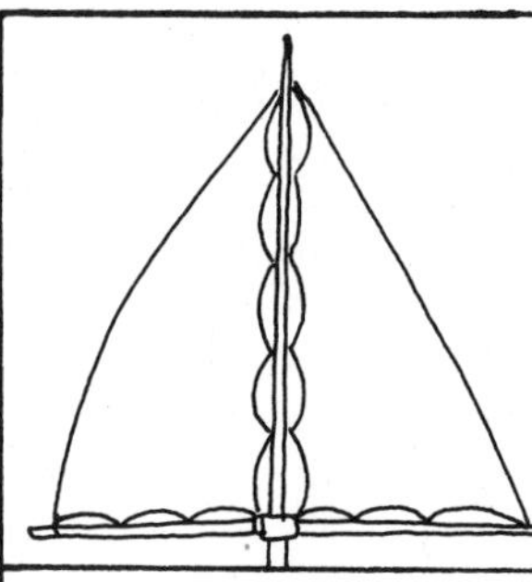

Wagen
Seife
Segel

4

Nagel

a l g N e

l e g l

Name

Sch sch

1 Bilder deutlich benennen.
Wenn ein *Sch* zu hören ist, oben ankreuzen.
Unten ankreuzen, an welcher Stelle im Wort der Laut steht.
2 *Sch* bzw. *sch* einkreisen.
3 *Tasche, Schere, Fisch* einkreisen.

1

2

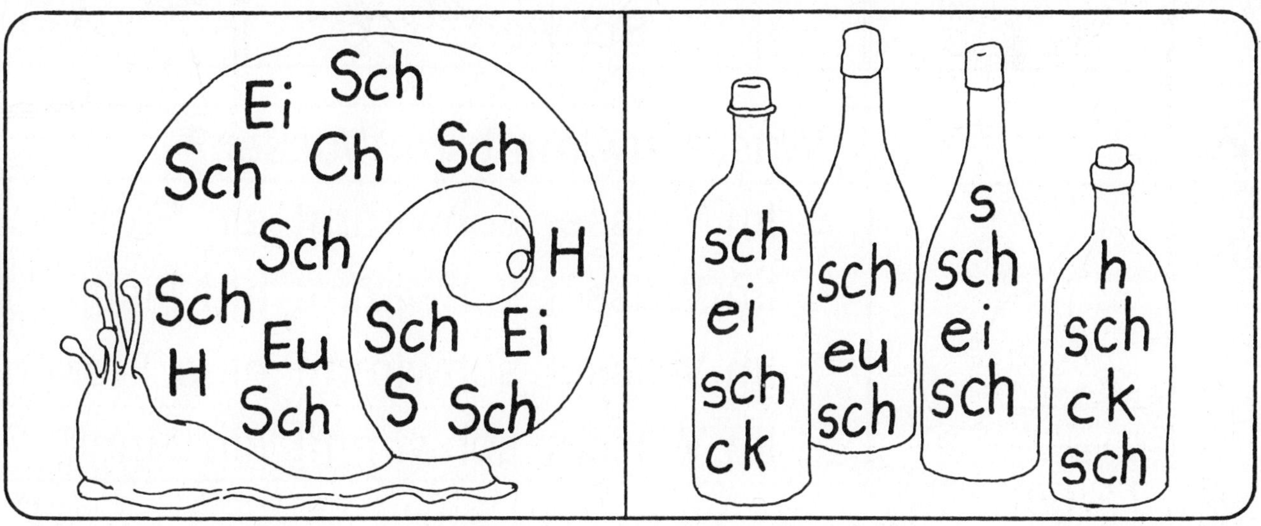

3

Tasche	Tasche Tisch Fisch Flasche Tasche Tusche
Schere	Schuhe Schule Schere Schale Schere
Fisch	Tisch Frosch Fischer Wischer Fisch Fleisch

Sch sch

1 Fehlende Buchstaben ergänzen.
Wörter den passenden Bildern zuordnen.
2 Wörter den passenden Bildern zuordnen.
3 Zu Frage und Bild passenden Satz ankreuzen.
4 Wörter mit Strichen abgrenzen, evtl. verschiedenfarbig anmalen.

1

Sch

___af	___ere	___wein	___uh
		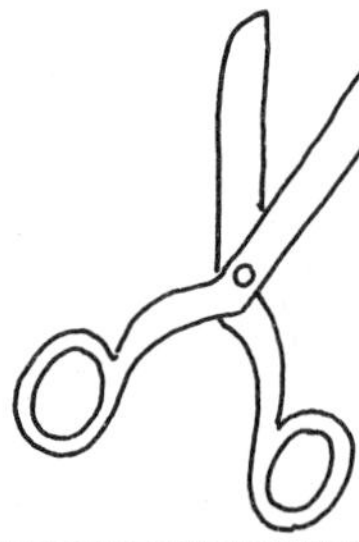	

2

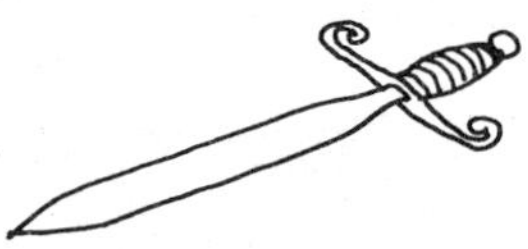

Schwein
Schwamm
Schwan
Schwert

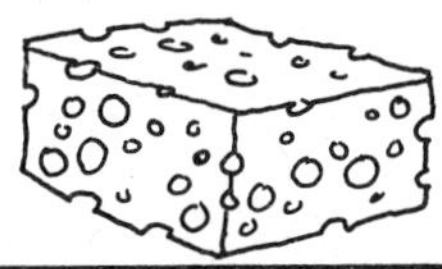

3

Was schwimmt im Wasser?

○ Im Wasser schwimmt ein Frosch.
○ Im Wasser schwimmt ein Fisch.
○ Im Wasser schwimmt eine Flasche.
○ Im Wasser schwimmt ein Hund.

4

Name

Sch sch

Text dem passenden Bild zuordnen.
Richtige Antwort ankreuzen.

Ein Angler will
einen Fisch fangen.
An der Angel
ist eine Schnur.
An der Schnur
ist ein Haken.

Der Angler wartet.
Da!
Ein Fisch!
Eine Forelle?
Oder ein Aal?

Nein!
Es ist kein Fisch.
Ratet mal,
was am Haken hing!
Kein Fisch!

Was hing am Angelhaken?

○ eine Tasche ○ ein Schirm ○ ein Schuh

Sch sch

1 Bilder benennen, passende Silben miteinander verbinden.
2 Zum Bild passendes Wort einkreisen.
3 Buchstaben zum passenden Wort verbinden.
4 Rätsel lösen. Lösungswort schreibdrucken.

1

Sche

ri
re
ro
ru

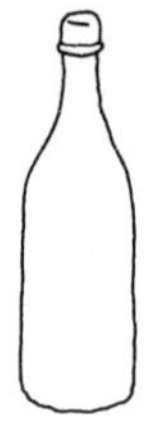

Fla

schi
scho
schu
sche

Ta

schu
schi
sche
scha

2

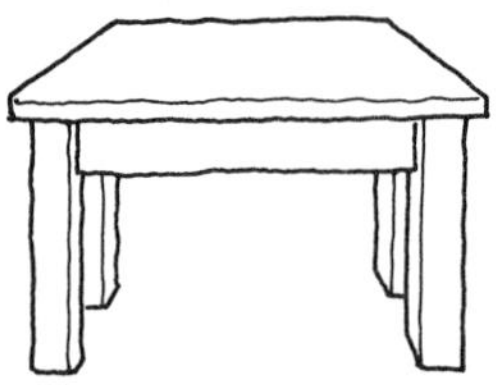			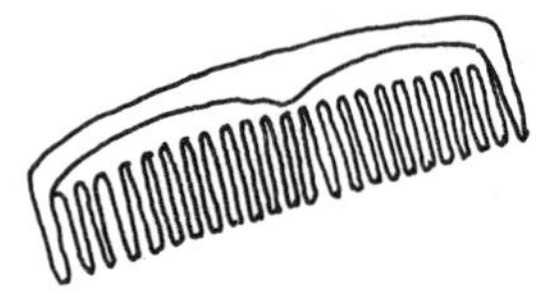
Hirsch Tisch Fisch	Masche Flasche Tasche	Schale Schal Schaf	Lamm Kamm Schwamm

3

Schere

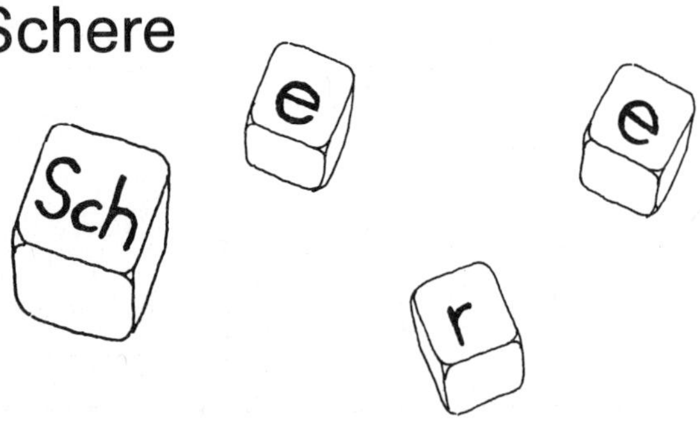

4

		Sch			
	H		t		
R	o		l	e	r
	Sch		r	e	

Name

Ab Seite 67: Bilder deutlich benennen. Wenn der neue Laut (hier *Au*) zu hören ist, ankreuzen. Den jeweiligen Laut bei allen Wörtern einkreisen.
1 Wörter den passenden Bildern zuordnen.
2 Bilder benennen, passende Silben miteinander verbinden.
3 Zum Bild passendes Wort einkreisen.
4 Zu Frage und Bild den passenden Satz ankreuzen.

Au au

1

Au au

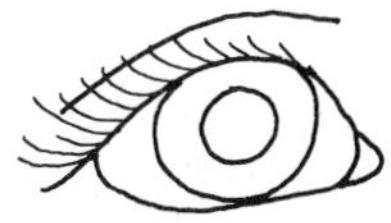

Auto	Auge	Maus	Daumen

2

Mau

ar
ur
ser
er

Dau

man
min
men
mon

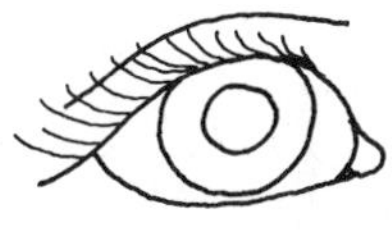

Au

go
gi
gu
ge

3

Laus	Schwamm	Wagen	Klammer
Haus	Schwan	Wanne	Kleid
Maus	Schwein	Wald	Klasse

4

Wo ist unsere Maus?

- ○ Unsere Maus ist in der Kiste.
- ○ Unsere Maus ist unter dem Tisch.
- ○ Unsere Maus ist auf dem Regal.
- ○ Unsere Maus ist hinter dem Schrank.

Au au

Texte den passenden Bildern zuordnen.
Passende Antwort ankreuzen.

Ein Unfall

Es regnet.
Ein Auto saust heran.

Da!
Was ist los?

Ein Hund!
Er rennt
aus einem Haus.

Der Fahrer will halten,
sein Auto rutscht.
Er kann kaum lenken.

Das Auto rutscht auf
einen Haufen Steine.

Wer rennt aus einem Haus?

○ ein Kater ○ ein Kind ○ ein Hund

Name

1 Wörter den passenden Bildern zuordnen.
2 Bilder benennen, passende Silben miteinander verbinden.
3 Zum Bild passendes Wort einkreisen.
4 Zueinander passende Satzteile miteinander verbinden.

P p

1

P p

	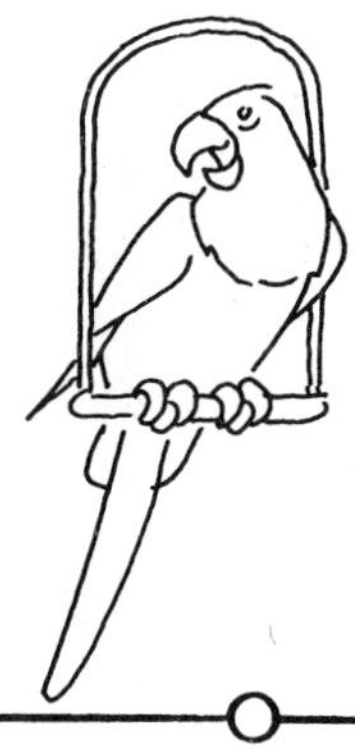		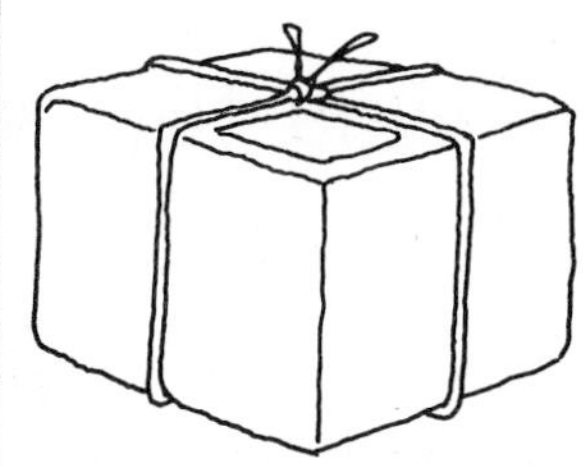
Papagei	Puppe	Paket	Pudel

2

Pa — ter, ket, pa, te

Pin — sal, sel, sul, sol

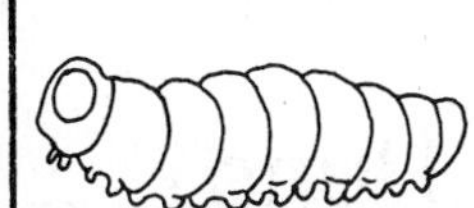

Rau — pi, po, pa, pe

3

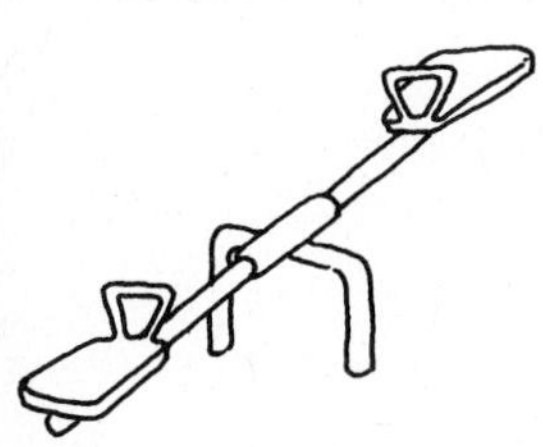			
Lippe Wippe	Puppe Suppe	Pappe Mappe	Treppe Krippe

4

Ali reitet auf einem	Fisch.
Uli angelt einen	Mantel.
Oma kauft einen	Esel.

Pp

1 Text lesen. Weitere Reime suchen.
2 Rätsel lösen. Lösungswort schreibdrucken.
3 Wörter den passenden Bildern zuordnen.

1 Wir reimen

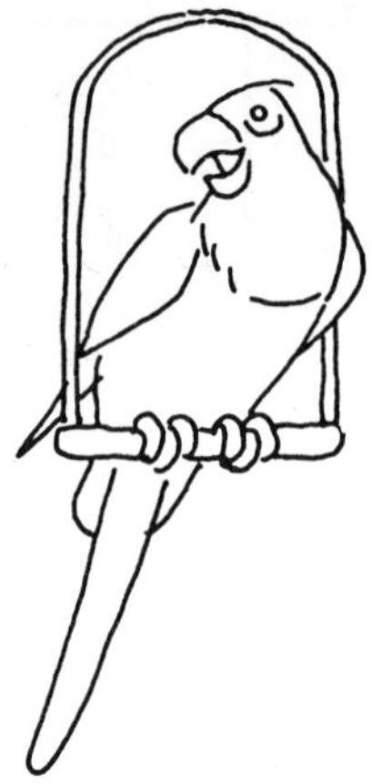

Was tut der Papagei?

Der Papagei, der Papagei,
der redet allerlei.

Was tut der Pudel?

Der Pudel, der Pudel,
der findet eine Nudel.

Wer kann weiter reimen?

Was tut der Pelikan, die Maus, der Hase, das Huhn?

2

		P				
F	l		sch	e		
K	a		t	u	s	
	Sch		r	e		
L	a		e	r	n	e

____

3

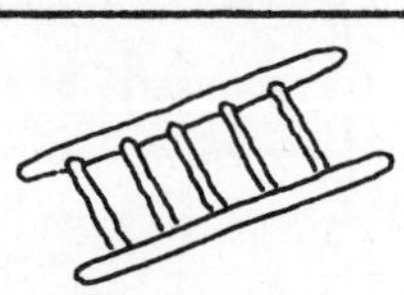

Leiter
Geige
Papagei
Schwein

Name

Bei allen Aufgaben: *ie* mit einem Viereck einrahmen.

1 Wörter den passenden Bildern zuordnen.
2 Zum Bild passendes Wort einkreisen.
3 Zueinander passende Satzteile zuordnen.
4 Wörter den passenden Bildern zuordnen.

ie

1

ie

			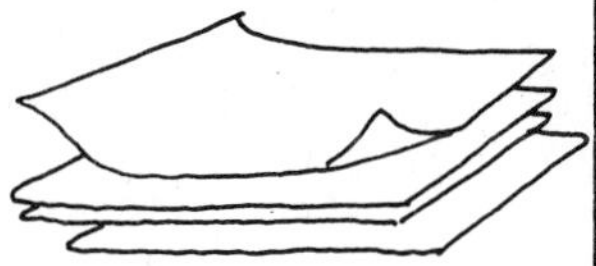
Riese	Wiese	Papier	Wiege

2

	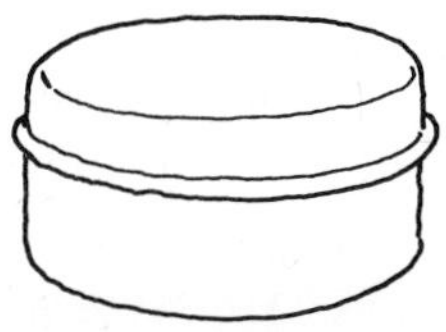		
Wiese Winter Wiege	Rose Dose Riese	Pappe Papier Paket	Himmel Hamster Hammer

3

Eine Amsel fliegt in der	Wiese.
Fimu liegt auf der	Schule.
Susi geht in die	Luft.

4

	Uhr	
	Hahn	
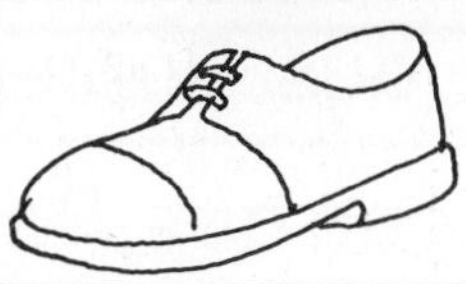	Schuh	
	Kuh	

ie

Texte dem passenden Bild zuordnen.
Zueinander passende Satzteile zuordnen.

Susi faltet.
Susi faltet Papier.
Susi faltet
einen Flieger aus Papier.

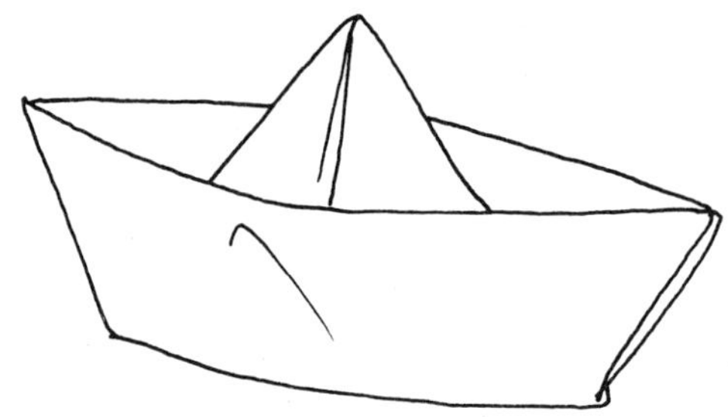

Uli faltet.
Uli faltet Papier.
Uli faltet
ein Schiff aus Papier.

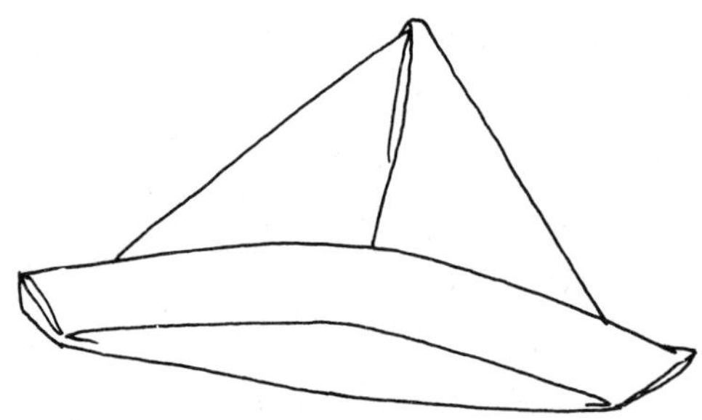

Ali faltet.
Ali faltet Papier.
Ali faltet
einen Hut aus Papier.

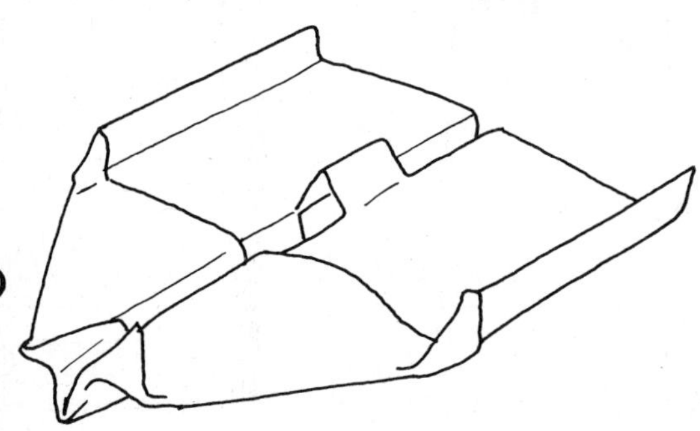

Susi faltet	ein Schiff aus Papier.
Uli faltet	einen Hut aus Papier.
Ali faltet	einen Flieger aus Papier.

Name

1 Wörter den passenden Bildern zuordnen.
2 Zum Bild passendes Wort einkreisen.
3 Passendes Verb ankreuzen.
4 Buchstaben zum passenden Wort verbinden.

V v

1

V v

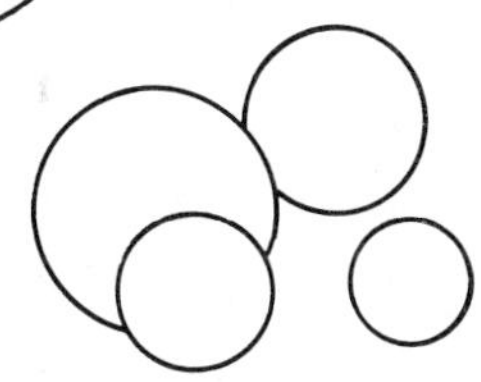

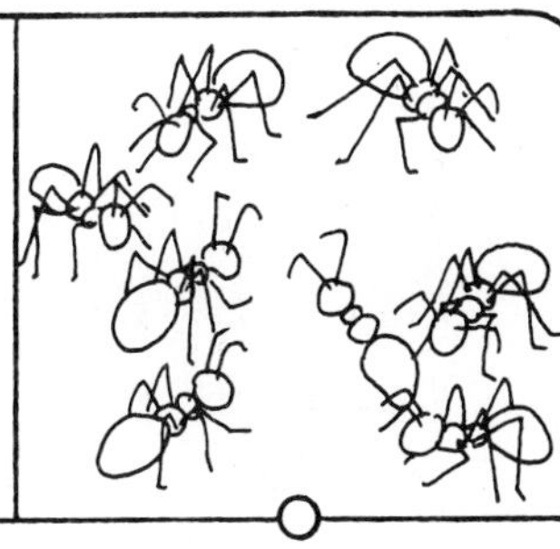

Vogel	viele Ameisen	Lokomotive	vier Kugeln

2

Kugel Vogel	Sessel Segel	Vater Kater	Leiter Reiter

3

Eine Lokomotive kann
○ singen. ○ fahren. ○ malen. ○ weinen.

Ein Vogel kann
○ singen. ○ malen. ○ fliegen. ○ werfen.

Ein Pudel kann
○ malen. ○ fliegen. ○ rennen. ○ reden.

4

Vogel

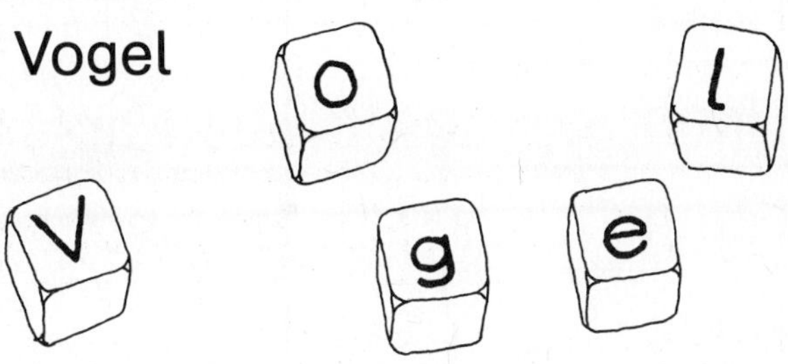

V v

1 Text lesen.
Susi und Ali malen.
Zum Satz passende Ergänzung ankreuzen.
2 Wörter den passenden Bildern zuordnen.

1 Wir verkleiden uns

Susi ist eine vornehme Dame.
Sie hat ein langes Kleid an.

Ali ist ein vornehmer Herr.
Er hat einen Hut auf.

Uli ist ein Monster.
Er hat ein lila Fell um.

Fimu ist ein Pirat.
Er hat ein Messer aus Pappe
und eine Kiste voll Gold.

Male Susi oder Ali!

Susi ist	○ eine Fee. ○ ein Engel. ○ eine Dame.	Ali ist	○ ein Doktor. ○ ein Herr. ○ ein Riese.
Uli ist	○ ein Hase. ○ ein Engel. ○ ein Monster.	Fimu ist	○ ein Pirat. ○ ein Kater. ○ ein Papagei.

2

Hase
Hand
Hahn
Haus

Name

1 Wörter den passenden Bildern zuordnen.
2 Zutreffendes ankreuzen.
3 Buchstaben zum passenden Wort verbinden.
4 Wörter den passenden Bildern zuordnen.
5 Zueinander passende Satzteile verbinden.

ch

1

ch

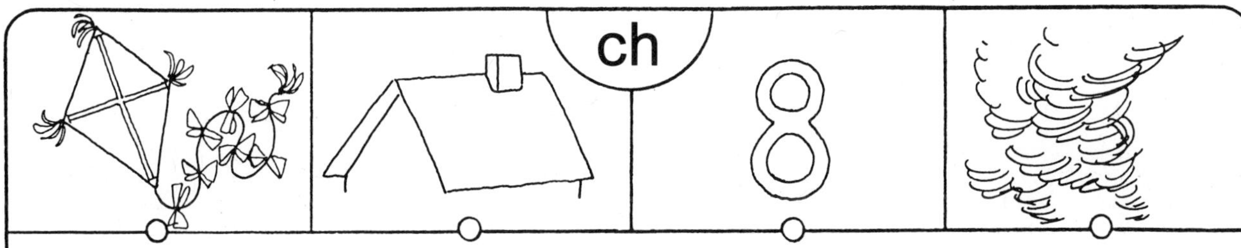

Dach	Rauch	Drachen	acht

2

Fimu rechnet. Was ist richtig? Was ist falsch?

Drei plus drei gleich vier.	○ richtig	○ falsch
Acht minus vier gleich vier.	○ richtig	○ falsch
Eins plus drei gleich vier.	○ richtig	○ falsch
Drei plus vier gleich acht.	○ richtig	○ falsch

3

Licht

4

Taucher
Koch
Teich
Schachtel

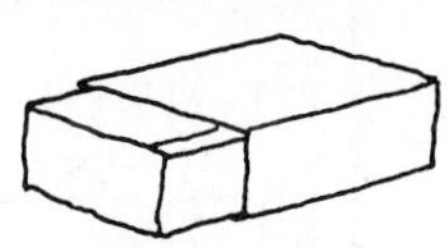

5

Ein Hecht	kriecht im Gras.
Ein Kater	schwimmt im Teich.
Ein Regenwurm	schleicht auf dem Dach.

ch

Texte den passenden Bildern zuordnen.
Zutreffendes ankreuzen.

Ulis Drachen fliegt hoch.
Ali ruft: „Mein Drachen fliegt auch hoch!“

Da kommt viel Wind auf.
Ulis Drachen fliegt davon.

Uli sucht seinen Drachen.
Er liegt im Strauch.
Er hat ein Loch.

Wo liegt Ulis Drachen?

Ulis Drachen liegt auf dem Dach.	○ richtig	○ falsch
Ulis Drachen liegt im Strauch.	○ richtig	○ falsch

Name

B b

1 Wörter den passenden Bildern zuordnen.
2 Bilder benennen, passende Silben miteinander verbinden.
3 Zum Bild passendes Wort einkreisen.
4 Zutreffende Sätze ankreuzen.

1

B b

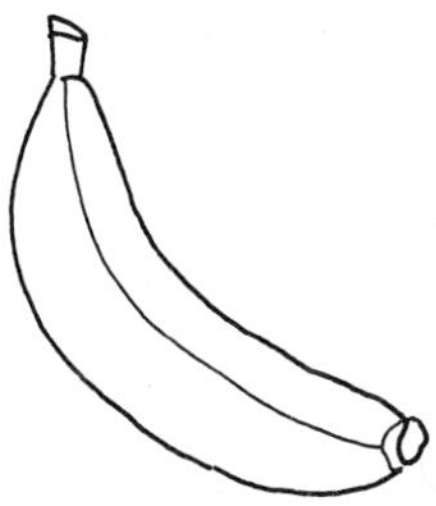
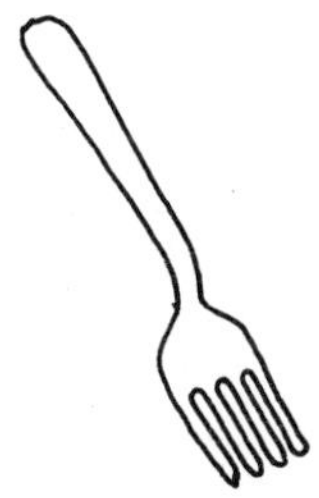

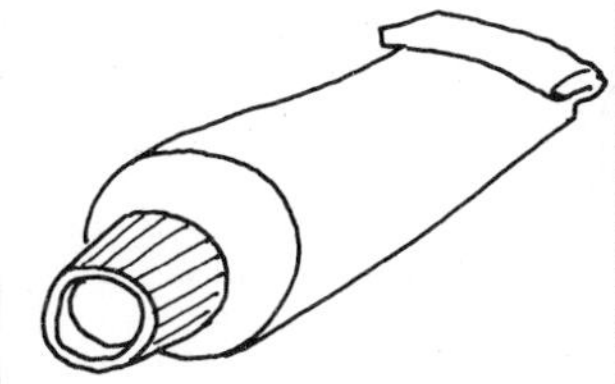

Baum	Tube	Banane	Gabel

2

Blu — mi / mo / mu / me

Ra — ba / be / bo / bu

Tul — pa / pi / pe / pu

3

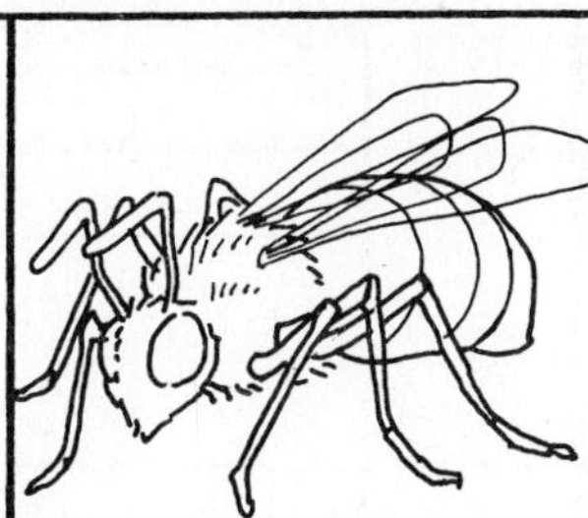
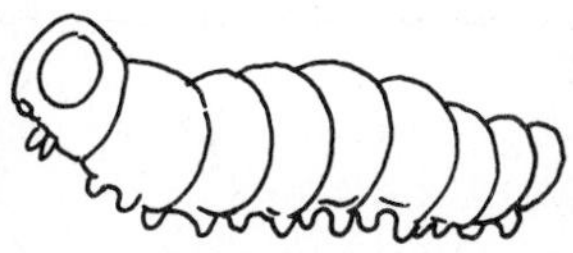

Banane	Biene	Rabe	Sieb
Brille	Blume	Raupe	Senf

4

Was tun Bienen?

- ○ Bienen suchen bunte Blumen.
- ○ Bienen geben Milch.
- ○ Bienen machen Honig.
- ○ Bienen bauen Waben.

Bb

1 Text lesen.
Richtige Antwort ankreuzen.

1 Susi schreibt einen Brief:

Liebe Oma!
Ich bin hier mit Mama gut angekommen.
Wir wohnen an einem See.
Gestern sind wir mit einem Boot gefahren.
Dabei ist mein bunter Ball ins Wasser gefallen.
Mama hat ihn wieder herausgeholt.
Morgen wollen wir einen Berg besteigen.
Ich schreibe bald wieder.
Deine Susi

Wo wohnt Susi?	Womit ist Susi gefahren?
○ am Wald ○ am Meer ○ am See	○ mit der Eisenbahn ○ mit dem Boot ○ mit dem Auto

Was ist ins Wasser gefallen?	Wem schreibt Susi?
○ eine Blume ○ eine Brille ○ ein Ball	○ Opa ○ Oma ○ Uli

Name

1 Wörter den passenden Bildern zuordnen.
2 Zum Bild passendes Wort einkreisen.
3 Richtige Antwort ankreuzen.
4 Wörter den passenden Bildern zuordnen.

Z z

1

Z z

Zebra	Pilz	Zaun	Kerze

2

Ziege	Kamel	Holz	Zange
Zebra	Katze	Salz	Zunge
Zwerg	Kaktus	Pilz	Zauberer

3

Wo ist Fimu?

- ○ im Zelt
- ○ am Zaun
- ○ im Zoo
- ○ im Zimmer
- ○ im Zug
- ○ im Zirkus

4

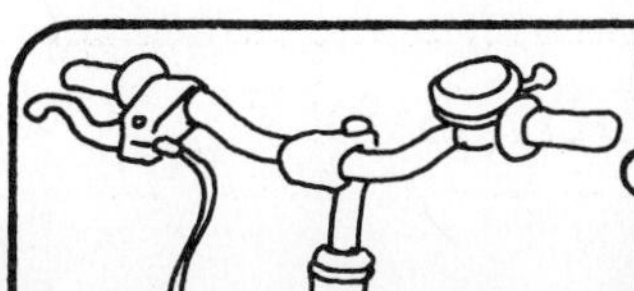

Bank
Schrank
Anker
Lenker

Z z

1 Texte den passenden Bildern zuordnen.
Richtige Antwort ankreuzen.
2 Wörter mit Strichen abgrenzen, evtl. verschiedenfarbig anmalen.

1

Uli legt eine Dose
auf den Weg.
Er knotet einen Faden
an die Dose.
Nun wartet er
hinter dem Zaun. ○

Ali kommt den Weg entlang.
Er sieht die Dose und denkt:
„Was ist wohl in der Dose?“
Ali will nach der Dose
fassen. ○

Uli zieht die Dose schnell weg.
Ali ist zornig.
Er ruft:
„Na warte nur, ich werde dir
auch einen Streich spielen!“ ○

○ 

○ 

○ 

Was legt Uli auf den Weg?		
○ eine Schachtel	○ eine Dose	○ eine Tasche

2

Name ____________________

St st

1 2 Wörter den passenden Bildern zuordnen.
3 Zueinander passende Satzteile zuordnen.
4 Zum Bild passendes Wort einkreisen.

1

St st

Stuhl	Storch	Stern	Stiefel

2

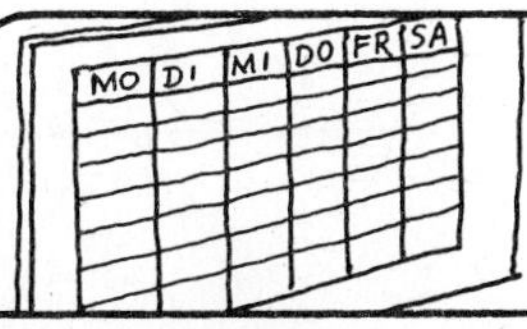

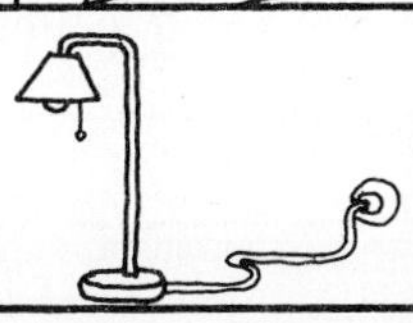

Staubsauger
Streichholz
Stundenplan
Stehlampe

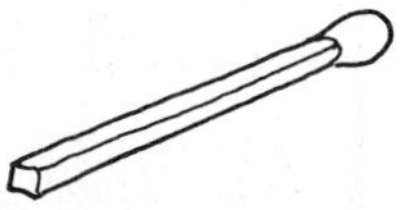
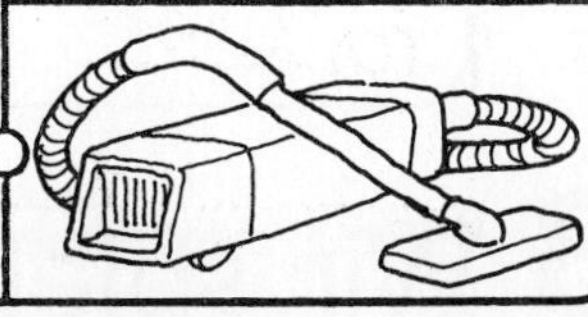

3

Ein Stern steht	auf der Wiese.
Ein Storch steht	im Zimmer.
Ein Stuhl steht	am Himmel.

4

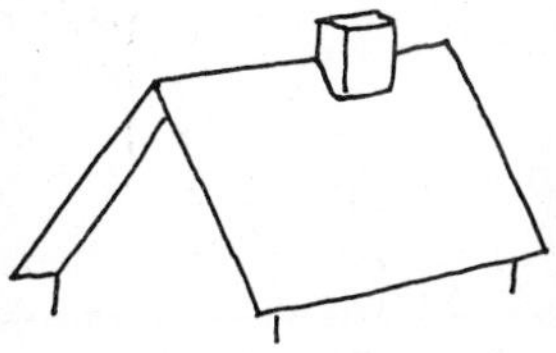
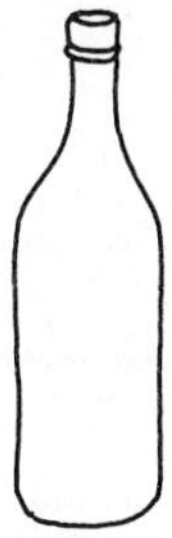

Reifen	Nagel	Dame	Flur
Reiter	Nadel	Dach	Floh
Reis	Nase	Dose	Flasche

ck

1 2 Wörter den passenden Bildern zuordnen.
3 Text lesen. Satzteile einer passenden Antwort miteinander verbinden.

1

ck

   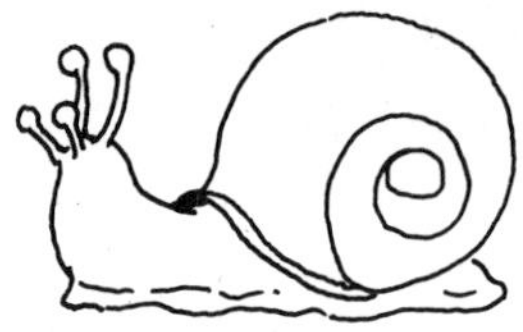

Glocke	Schnecke	Sack	Wecker

2

Rucksack
Schneckenhaus
Stecknadel
Steckdose

3 Wir spielen Verstecken!

Susi versteckt sich hinter dem Sofa.
Uli versteckt sich unter dem Tisch.
Ali versteckt sich im Schrank.
Fimu versteckt sich auf dem Regal.

Wo findet uns Tim?	
Er findet Susi	im Schrank.
Er findet Uli	auf dem Regal.
Er findet Ali	hinter dem Sofa.
Er findet Fimu	unter dem Tisch.

Name

1 Wörter den passenden Bildern zuordnen.
2 3 Zutreffendes ankreuzen.
4 Wörter den passenden Bildern zuordnen.
5 Wörter mit Strichen abgrenzen, evtl. verschiedenfarbig anmalen.

J j

1

Jacke	Januar	Juli	Joghurt

2

Was kann man essen?

○ Brot	○ Nudeln	○ Seife	○ Banane
○ Joghurt	○ Reis	○ Jagdwurst	○ Butter

3

Was kann man trinken?

○ Wasser	○ Saft	○ Tee	○ Kaffee
○ Milch	○ Bonbon	○ Kakao	○ Wein

4

- Tafel
- Tanne
- Tasse
- Tasche
- Tatze
- Tapete

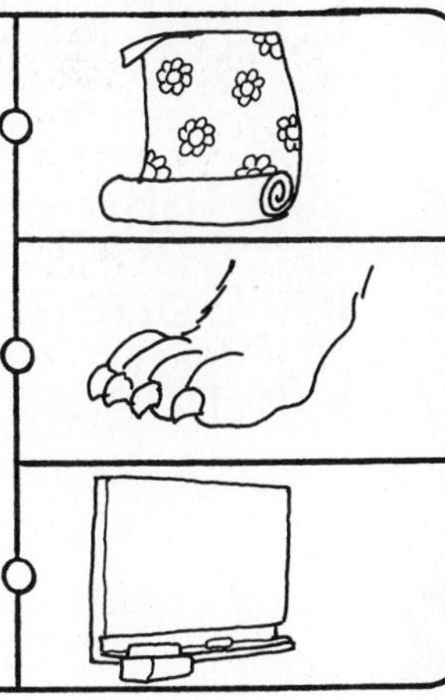

5

J j

1 Text lesen.
Zutreffendes ankreuzen.
2 Rätsel lösen.
Lösungswort schreibdrucken.

1 ☒

Im Winter

Der Januar ist ein Monat im Winter.	○ Ja	○ Nein
Im Winter ist es oft kalt.	○ Ja	○ Nein
Auf dem See ist manchmal Eis.	○ Ja	○ Nein
Wir baden im See.	○ Ja	○ Nein
Im Winter kann es schneien.	○ Ja	○ Nein

Im Sommer

Im Juli ist Sommer.	○ Ja	○ Nein
Im Sommer ist es meistens warm.	○ Ja	○ Nein
Wir fahren mit dem Schlitten.	○ Ja	○ Nein
Im Garten sind bunte Blumen.	○ Ja	○ Nein
Wir haben lange Ferien.	○ Ja	○ Nein

2 ✎

		J			
	N		s	e	
H	a		d		
	K		g	e	l
	K		m	m	
B	i		n	e	

____

Name

<table><tr><td>ä ö ü</td></tr></table>

1 2 Wörter den passenden Bildern zuordnen.
3 Zutreffendes ankreuzen.
4 Zum Bild passende Wörter einkreisen.

1

ä ö ü

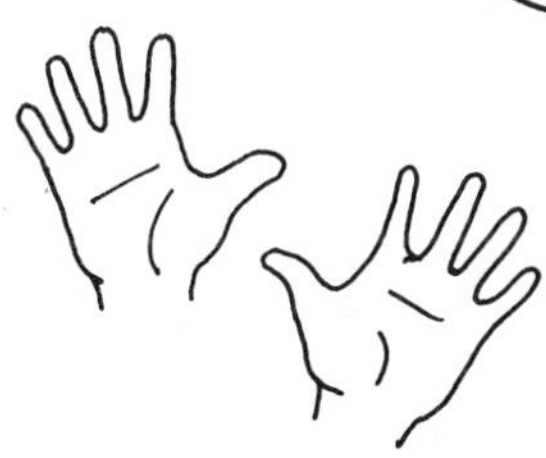

zwei Hände	zwei Vögel	zwei Hüte	zwei Kühe

2

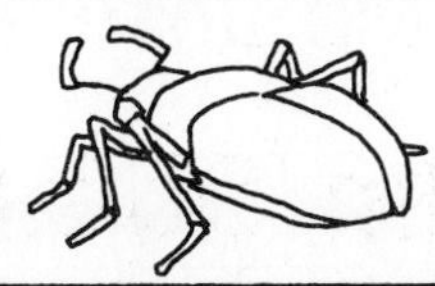

- Löwe
- Bär
- Kröte
- Käfer

3

Was kann man hören?

○ Glocken	○ Klingel	○ Bücher	○ Radio
○ Schnee	○ Wecker	○ Staubsauger	○ Flöte

4

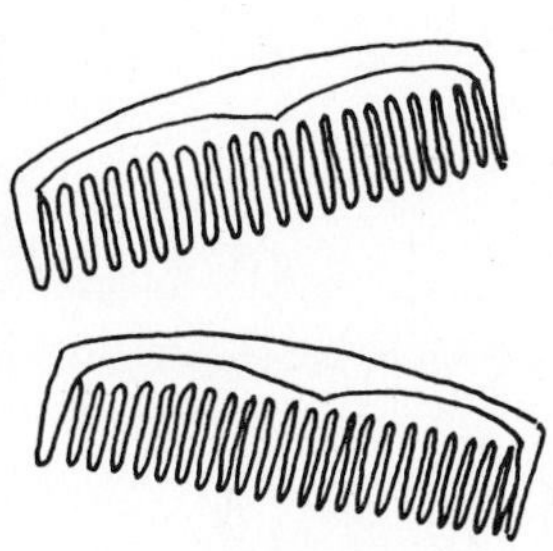
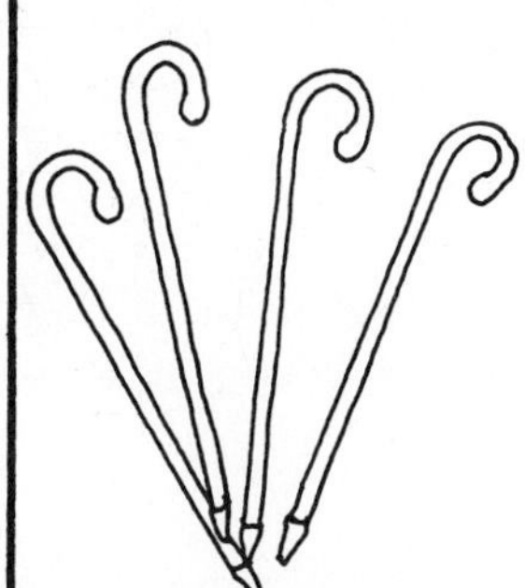
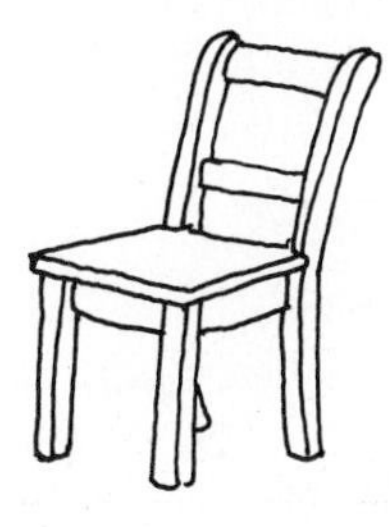

ein Kamm	ein Stock	ein Stuhl	ein Frosch
zwei Kämme	zwei Stöcke	zwei Stühle	zwei Frösche
fünf Kämme	vier Stöcke	drei Stühle	fünf Frösche

ä ö ü

1 Text lesen.
Zutreffendes ankreuzen.
2 Rätsel lösen.
Lösungswort schreibdrucken.

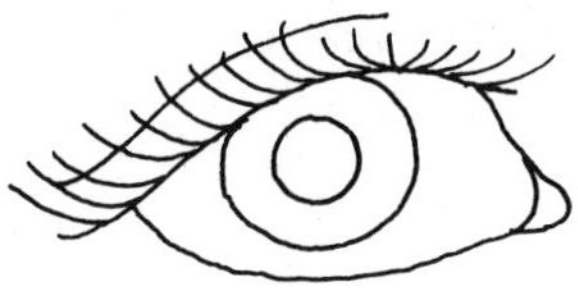

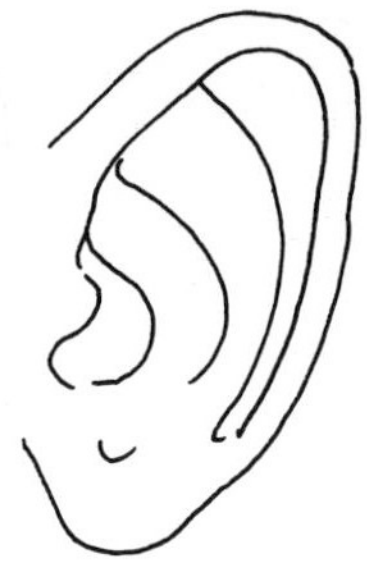

1 Unsere fünf Sinne

Mit unseren Augen können wir
○ hören.
○ sehen.

Mit unseren Ohren können wir
○ schmecken.
○ hören.

Mit unserer Nase können wir
○ sehen.
○ riechen.

Mit unserer Zunge können wir
○ sehen.
○ schmecken.

Mit unserer Haut können wir
○ fühlen.
○ hören.

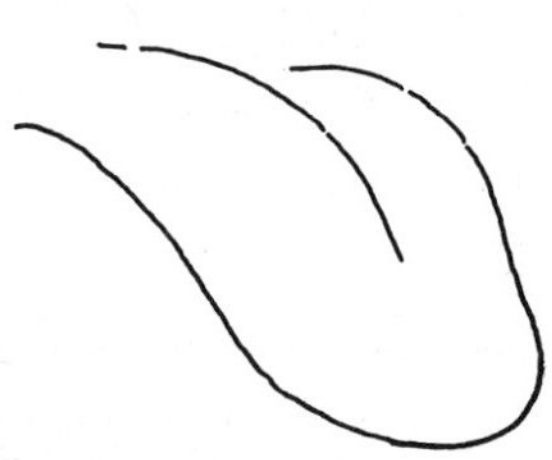

2

			K			
		B		r		
	S	o		a		
T	e	l		f	o	n
	K	e		z	e	

____

Name ______________________

Pf pf

1 2 Wörter den passenden Bildern zuordnen.
3 4 Zutreffendes ankreuzen.
5 Zum Bild passenden Satz ankreuzen.

1

Pf pf

			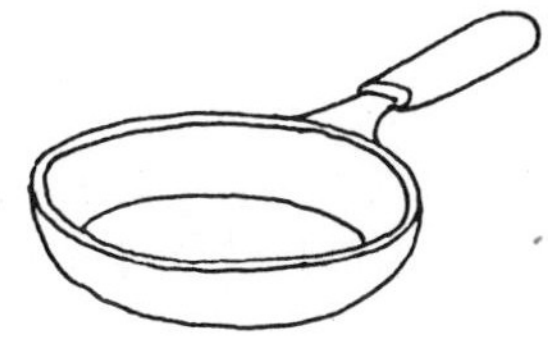
○	○	○	○
○ Pferd	○ Topf	○ Pfanne	○ Apfel

2

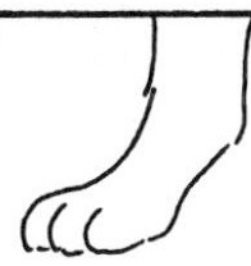	○	○ Pfeife ○	○	
		○ Pfennig ○		
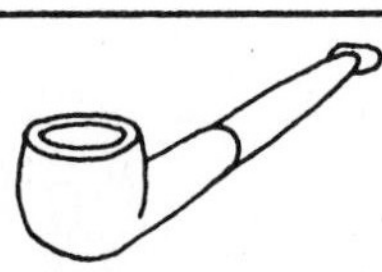	○	○ Pfote ○	○	
		○ Kopf ○		

3

Was gibt es in der Küche?

○ Topf	○ Teller	○ Messer	○ Pferd
○ Pfanne	○ Tasse	○ Gabel	○ Löffel
○ Sieb	○ Pfeffer	○ Pfeife	○ Salz

4

Was kann man vom Baum pflücken?

○ Äpfel	○ Birnen	○ Pflaumen	○ Erdbeeren
○ Pilze	○ Pfirsiche	○ Kirschen	○ Tulpen

5

○ Ali pflückt Äpfel vom Baum.
○ Susi reitet auf einem Pferd.
○ Tim pflegt die Blumen.
○ Fimu sammelt Pfennige.

ß

1 Wörter den passenden Bildern zuordnen.
2 Zum Bild passendes Wort einkreisen.
3 Rätsel lösen. Das Lösungswort malen.
4 Wörter mit Strichen abgrenzen, evtl. verschiedenfarbig anmalen.

1

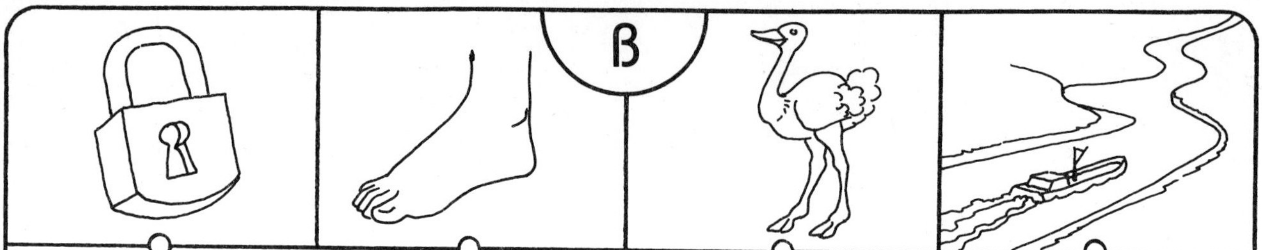

Fuß	Schloß	Fluß	Strauß

2

süß	weiß	heiß	heiß
groß	süß	groß	süß
weiß	heiß	weiß	naß

3 Rätsel

Der arme Tropf
hat einen Hut
und keinen Kopf.
Und hat dazu
nur einen Fuß
und keinen Schuh.

Male das Lösungswort!

Pilz

4

Name

X x eu

1–3 Wörter den passenden Bildern zuordnen.
4 Zutreffendes ankreuzen.

1

X x

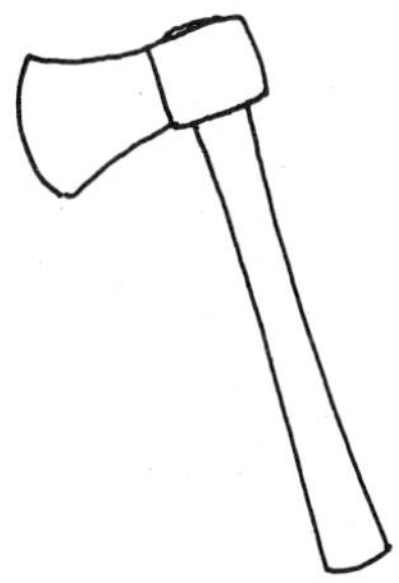

Hexe	Taxi	Axt	Nixe

2

Eu eu

Eule	Teufel	Feuer	neun

3

- Leuchtturm
- Feuerwehr
- Boxer
- Werkzeug

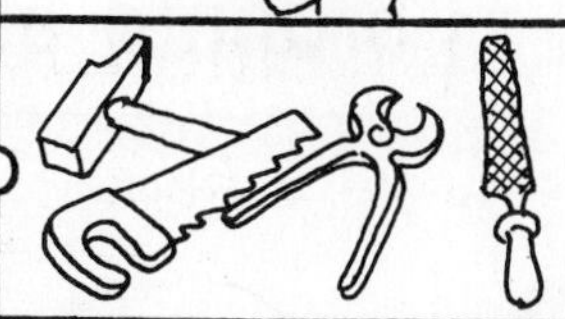

4

Was gehört zum Werkzeug?

○ Beil	○ Säge	○ Besen	○ Zange	○ Feile
○ Schere	○ Hammer	○ Bohrer	○ Axt	○ Holz

X x eu

1 Text lesen.
Zutreffendes ankreuzen.
2 Wörter mit Strichen abgrenzen, evtl. verschiedenfarbig anmalen.

1 Feuer!

Ali erzählt:

„Neulich gab es bei uns ein Feuer.
Das Heu in der Scheune brannte.
Bald kam die Feuerwehr.
Ihre Sirene heulte laut.

Viele Leute waren neugierig.
Sie wollten das Feuer sehen.
Die Flammen leuchteten hell.

Nach drei Stunden hatte die Feuerwehr
das Feuer gelöscht.

Die Scheune ist ganz abgebrannt."

Was brannte?	○ Haus	○ Kirche	○ Scheune
Wer kam bald?	○ Polizei	○ Feuerwehr	○ Krankenwagen
Wie lange brannte es?	○ neun Stunden		○ drei Stunden

2

Name

Cc Yy

1 2 Wörter den passenden Bildern zuordnen.
3 Zutreffendes ankreuzen.
4 Wörter den passenden Bildern zuordnen.

1

y

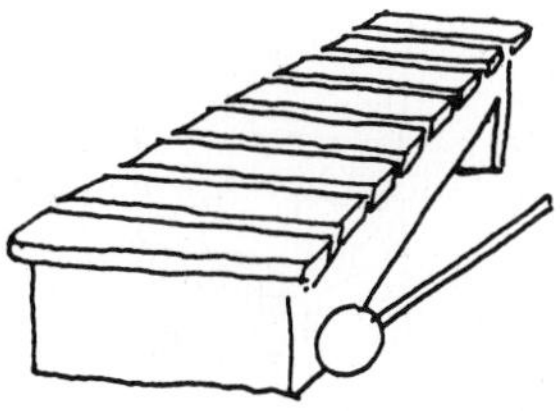

Teddy	Pony	Baby	Xylophon

2

Teddybär
Hampelmann
Baby-Puppe
Schaukelpferd

3

Womit kann man Musik machen?

○ Flöte	○ Trommel	○ Schere	○ Trompete
○ Xylophon	○ Geige	○ Klavier	○ Schuhe

4

C

Clown	Cabrio	Computer	Camping

Cc Yy

1 Text lesen. Dazu Bilder malen.
2 Rätsel lösen.
Lösungswort schreibdrucken.

1 Tim schläft.
Tim schläft in seinem Bett.
Tim schläft mit seinem Teddy in seinem Bett.

Male Tim mit seinem Teddy in seinem Bett!

Tina reitet.
Tina reitet über die Wiese.
Tina reitet auf einem Pony
über die Wiese.

Male Tina auf dem Pony!

2

		L		
	P		n	y
		s		
B	a		y	
		u		
T	e		d	y
		e		

Name

Qu qu äu

1 2 Wörter den passenden Bildern zuordnen.
3 Zu Frage und Bild passende Sätze ankreuzen.
4 Zu Frage und Bild passenden Satz ankreuzen.

1

Qu qu

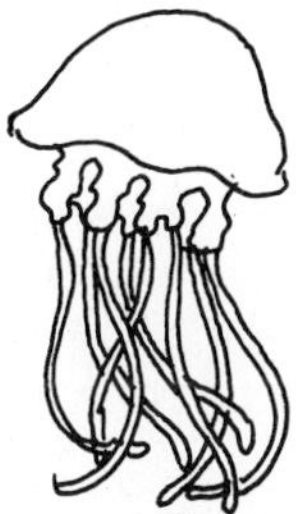

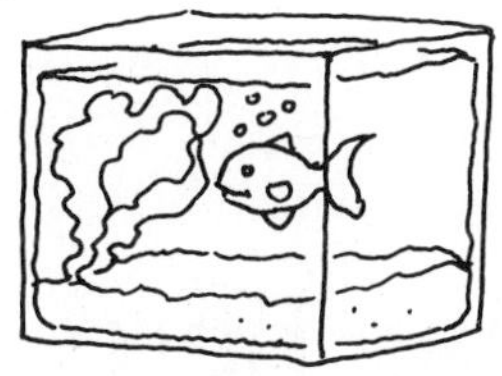
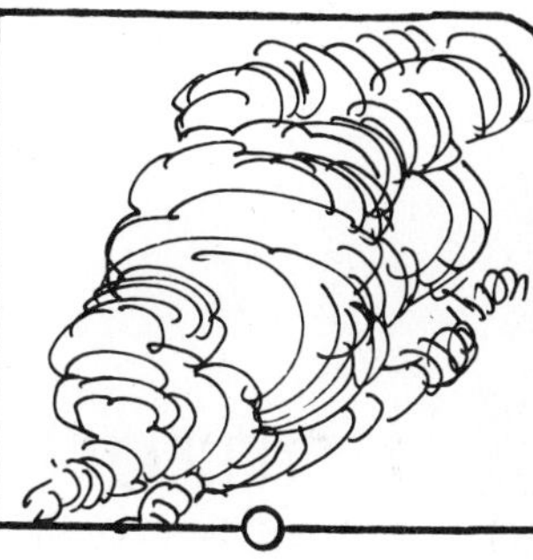

Quirl	Aquarium	Qualle	Qualm

2

äu

zwei Bäume	drei Mäuse	zwei Zäune	zwei Häuser

3

Was fressen Mäuse?

○ Mäuse fressen gerne Wolken.
○ Mäuse fressen gerne Käse.
○ Mäuse fressen gerne Glas.

4

Wohin läuft das Pony?

○ Das Pony läuft ins Wasser.
○ Das Pony läuft über die Wiese.
○ Das Pony läuft in den Stall.
○ Das Pony läuft in den Wald.

Qu qu äu

1 Text lesen.
Zutreffendes ankreuzen.
2 Rätsel lösen.
Lösungswort schreibdrucken.

1 Konzert der Tiere

Die Frösche quaken.
Die Hunde bellen.
Die Vögel singen.
Die Bienen summen.

Die Löwen brüllen.
Die Mäuse piepsen.
Die Enten schnattern.
Die Bären brummen.

Das ist ein schönes Tierkonzert.

Was ist richtig?

Hunde	○ summen. ○ singen. ○ bellen.	Bären	○ bellen. ○ brummen. ○ quaken.
Frösche	○ brüllen. ○ piepsen. ○ quaken.	Mäuse	○ bellen. ○ brüllen. ○ piepsen.

2

		V		
	K		p	f
	l		e	l
	N		s	t
P	i		z	

____

Name

1 2 Wörter den passenden Bildern zuordnen.
3 Zueinander passende Satzteile zuordnen.
4 Zum Bild passendes Wort einkreisen.

Sp sp

1

Sp sp

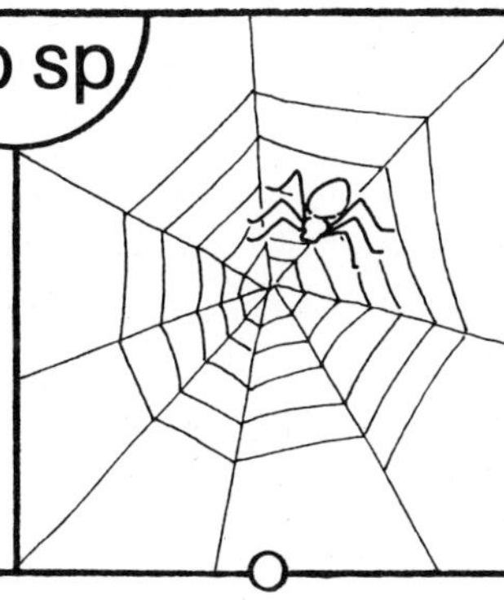

Spinne	Spiegel	Kasper	Wespe

2

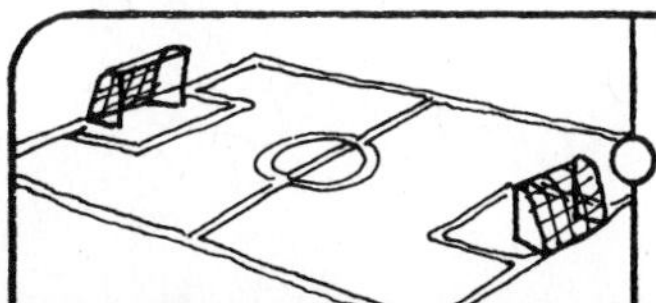
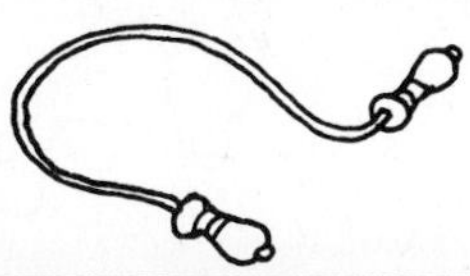

- Spardose
- Springseil
- Sportplatz
- Spazierstock

3

Die Spinne spinnt	ein Nest.
Die Amsel baut	eine Maus.
Der Frosch springt	ein Netz.
Die Katze fängt	ins Wasser.

4

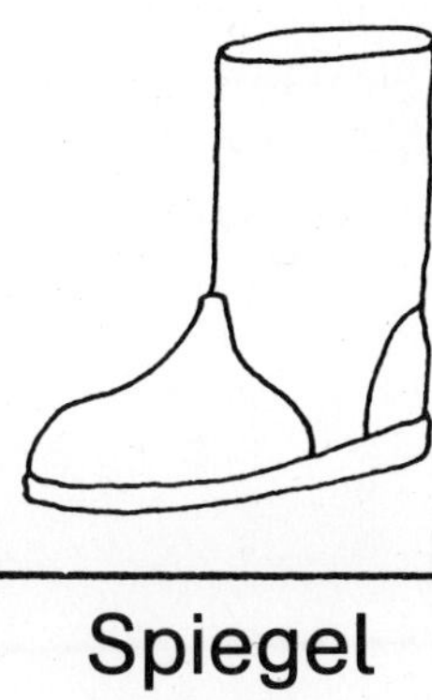
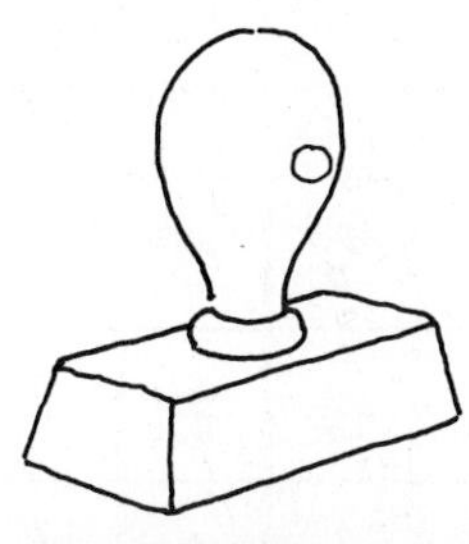

Ampel	Spiegel	Stempel	Tafel
Apfel	Stiefel	Stachel	Tunnel

Sp sp

1 Text lesen.
Zutreffendes ankreuzen.
2 Rätsel lösen.
Lösungswort schreibdrucken.

1 Was macht Spaß?

Uli sagt: „Bücher lesen macht Spaß."
Susi sagt: „Briefmarken sammeln macht Spaß."
Ali sagt: „Fußball spielen macht Spaß."
Tina sagt: „Sport macht Spaß."
Tim sagt: „Spazierengehen macht Spaß."

Was macht dir Spaß?

○ lesen	○ singen	○ spielen
○ schreiben	○ turnen	○ fernsehen
○ rechnen	○ schwimmen	○ tanzen
○ malen	○ wandern	○ schlafen

2

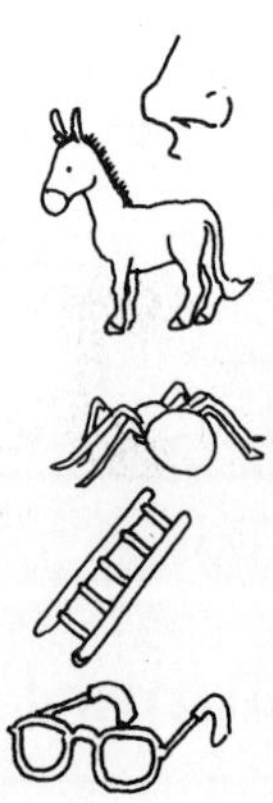

	K				
N		s	e		
E		e	l		
S		i	n	n	e
L		i	t	e	r
B		i	l	l	e